新字体

田英章 主编

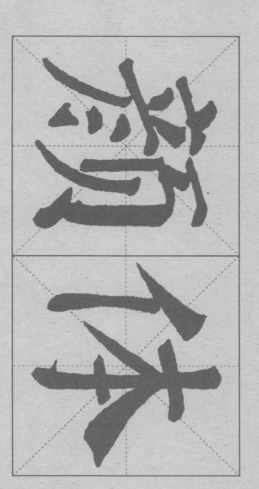

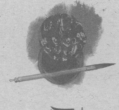

楷书入门

颜勤礼碑 偏旁练习

CTS | 湖南美术出版社

图书在版编目（CIP）数据

颜体楷书入门. 颜勤礼碑偏旁练习 / 田英章主编.
—长沙：湖南美术出版社，2015.12
ISBN 978-7-5356-7590-3

I. ①颜… II. ①田… III. ①楷书—书法 IV. ①
J292.113.3

中国版本图书馆 CIP 数据核字(2016)第 022964 号

Yan Ti Kaishu Rumen

颜体楷书入门

Yan Qinli Bei Pianpang Lianxi

颜勤礼碑偏旁练习

出 版 人：李小山
主   编：田英章
责任编辑：彭　英
责任校对：李　芳
装帧设计：徐　祥
出版发行：湖南美术出版社
　　　　　（长沙市东二环一段 622 号）
经   销：全国新华书店
印   刷：成都博瑞传播股份有限公司印务分公司
开   本：787×1092　1/8
印   张：10
版   次：2015 年 12 月第 1 版
印   次：2017 年 4 月第 2 次印刷
书   号：ISBN 978-7-5356-7590-3
定   价：15.00 元

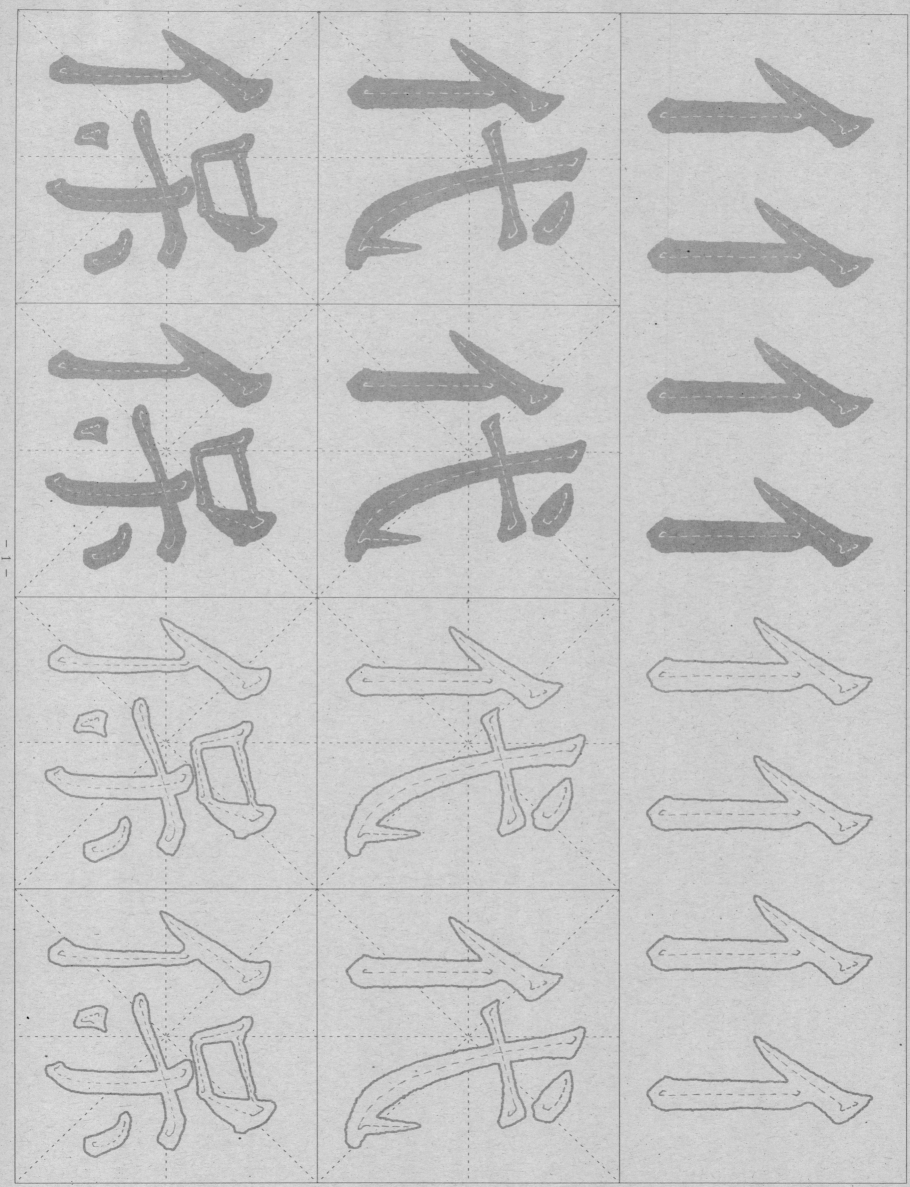

【要点】
①撇画较短，倾斜角度较大，撇头稍重。
②竖画为垂露竖。
③撇画与竖画的相接处基本位于撇画的中段。

双人旁

【要点】
①双人旁的写法与单人旁的写法类似。
②两个撇画上短下长，皆有弧度。
③上撇和下撇起笔处应在同一垂线上。

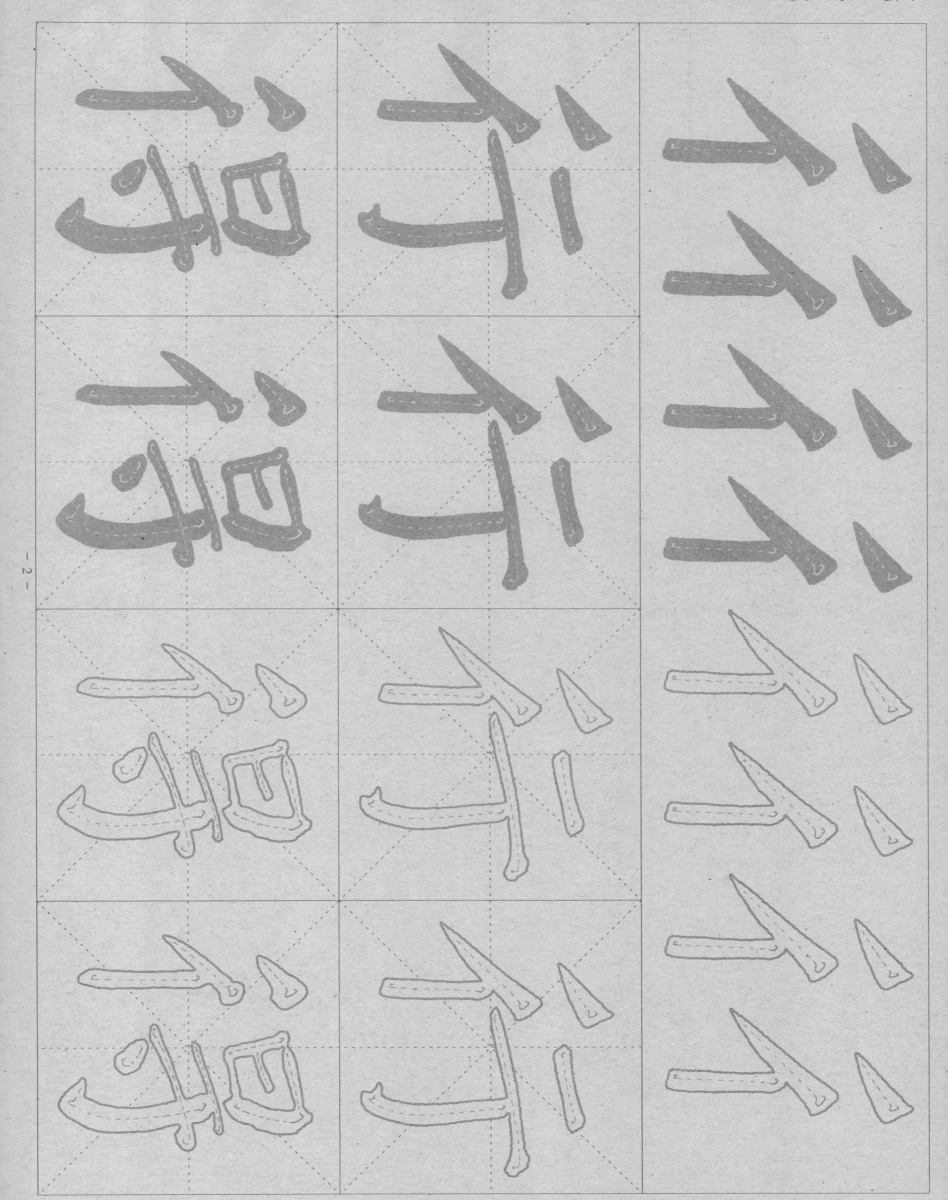

- 2 -

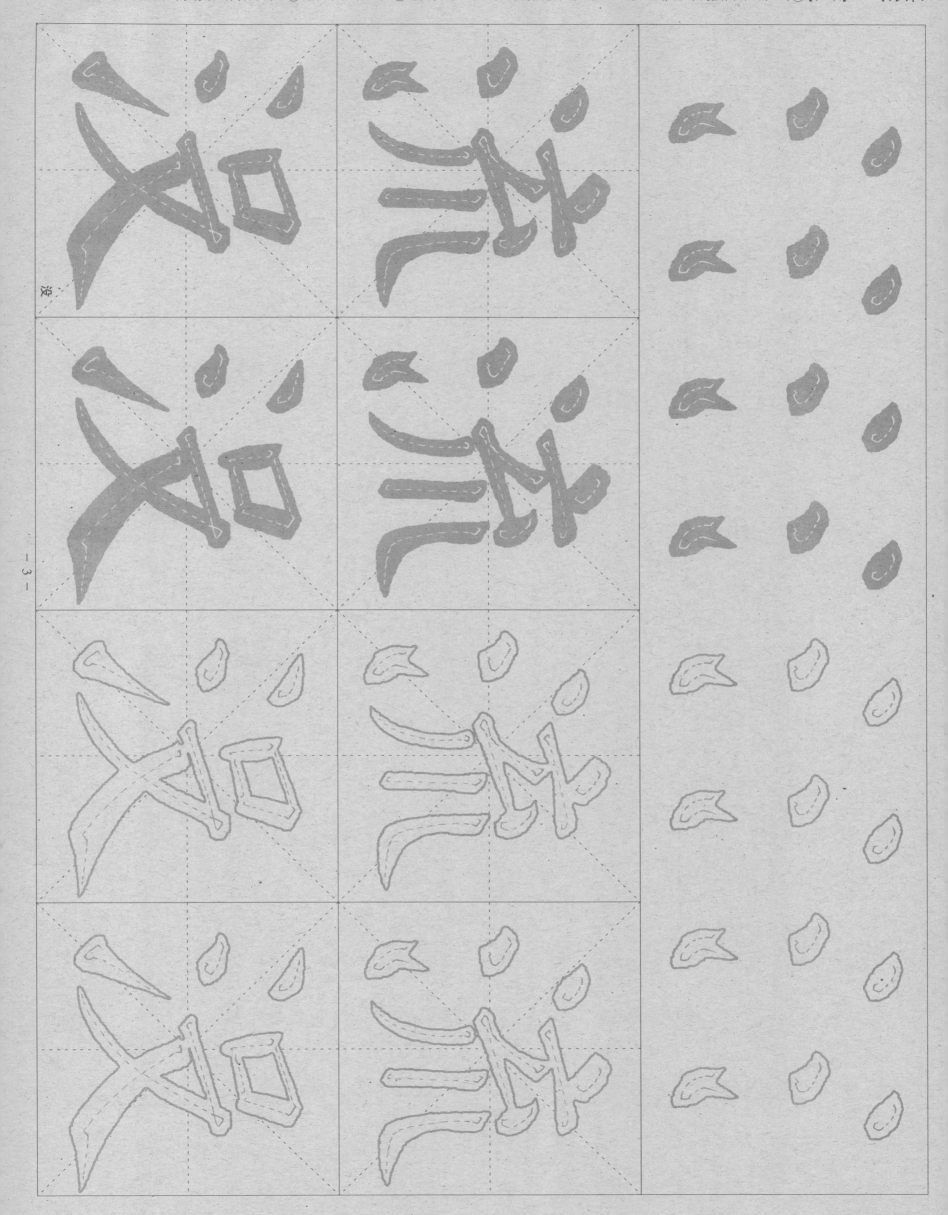

三点水

【要点】①首点回锋收笔。次点左下出锋以带末点起笔，末点上出锋收笔。②三点各异。③三点虽有顾盼呼应，但呈圆弧状排列。

没

木字旁

【要点】①木字旁体上窄下松。②横画左伸右缩，竖钩垂直，撇画细直，捺缩为点。

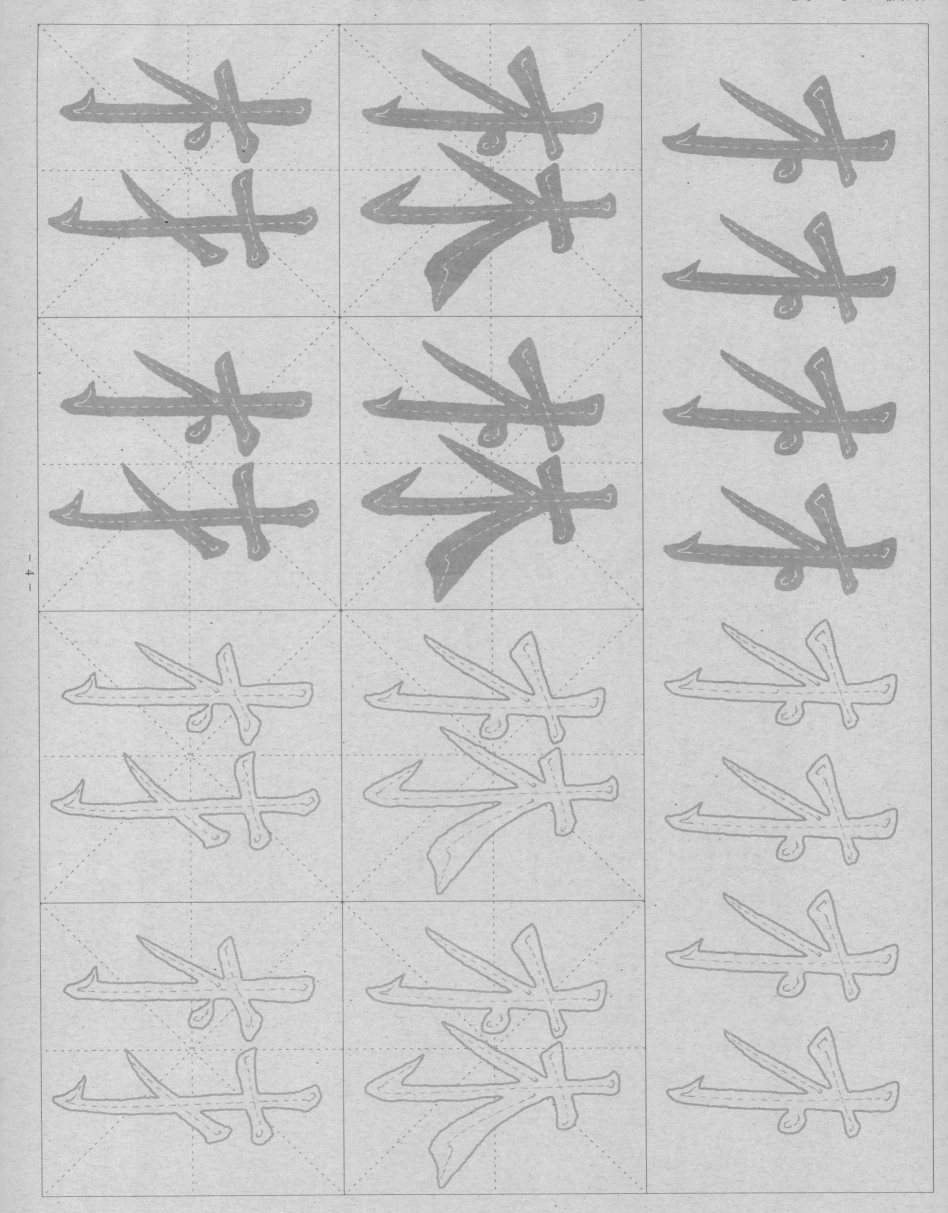

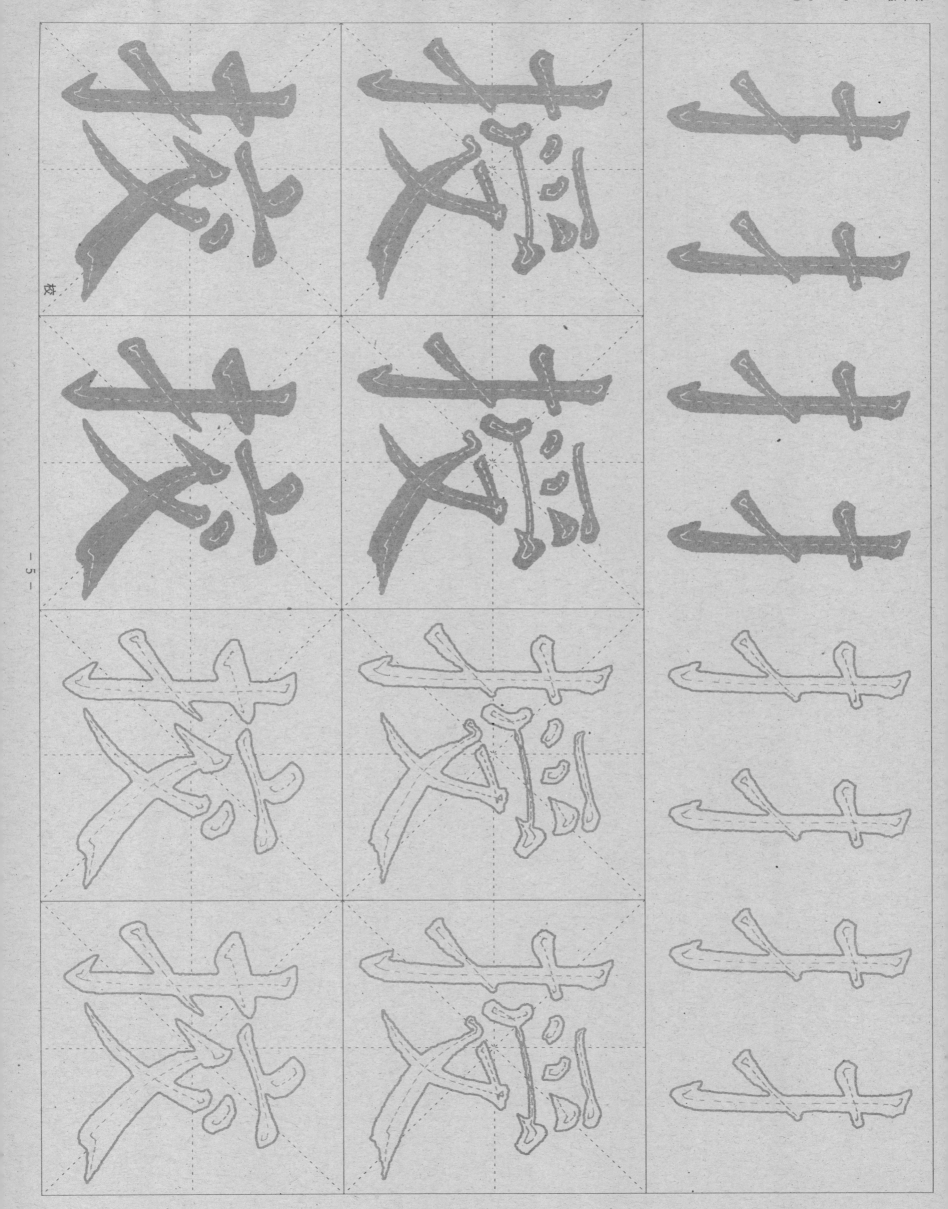

要点【①提手旁整体左伸右缩。②横画宜短，竖画直挺，末横变提。③竖钩与横画提画相支撑。】

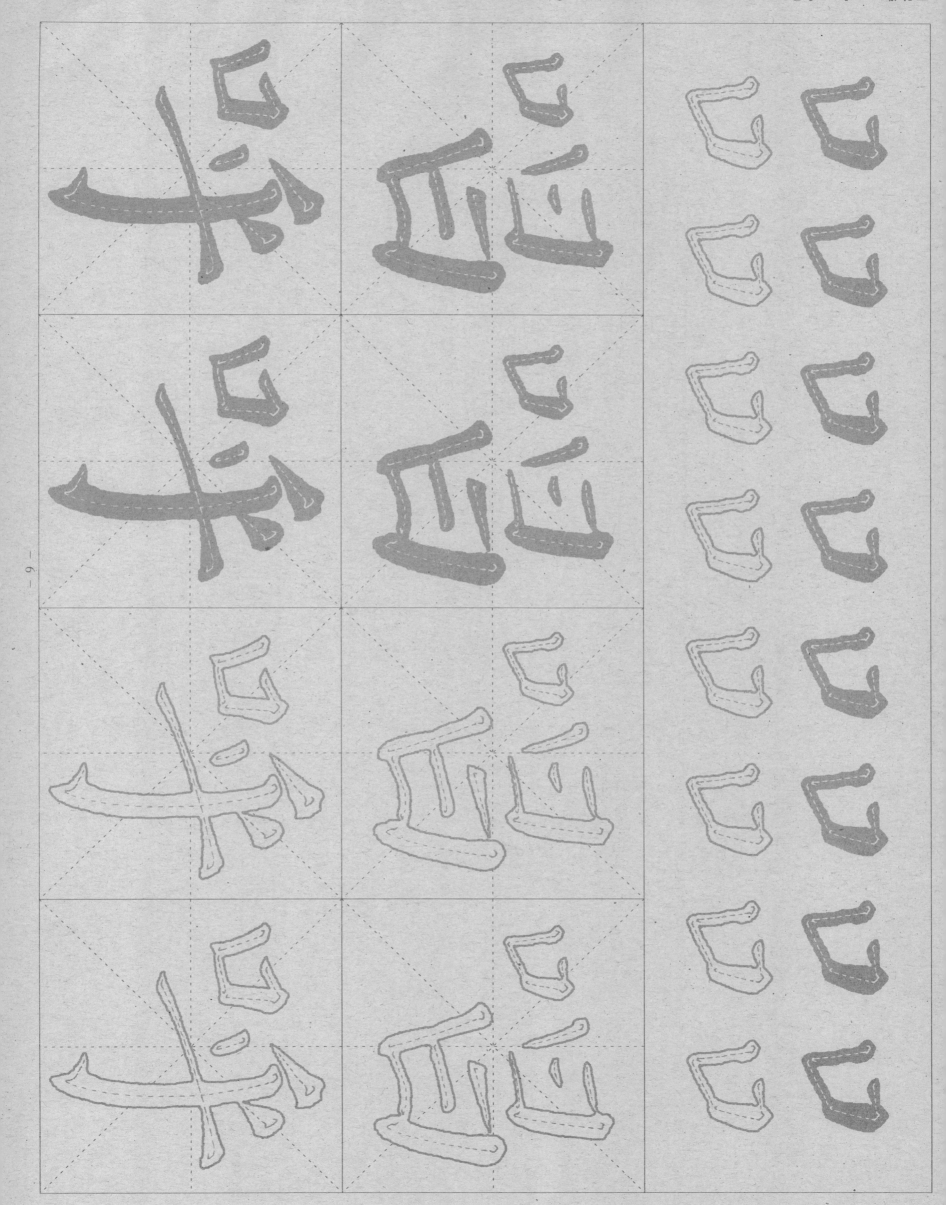

口字旁

【要点】①『口』字作左偏旁时整体宜小靠上。②『口』字务左上不要封口，以免呆板。

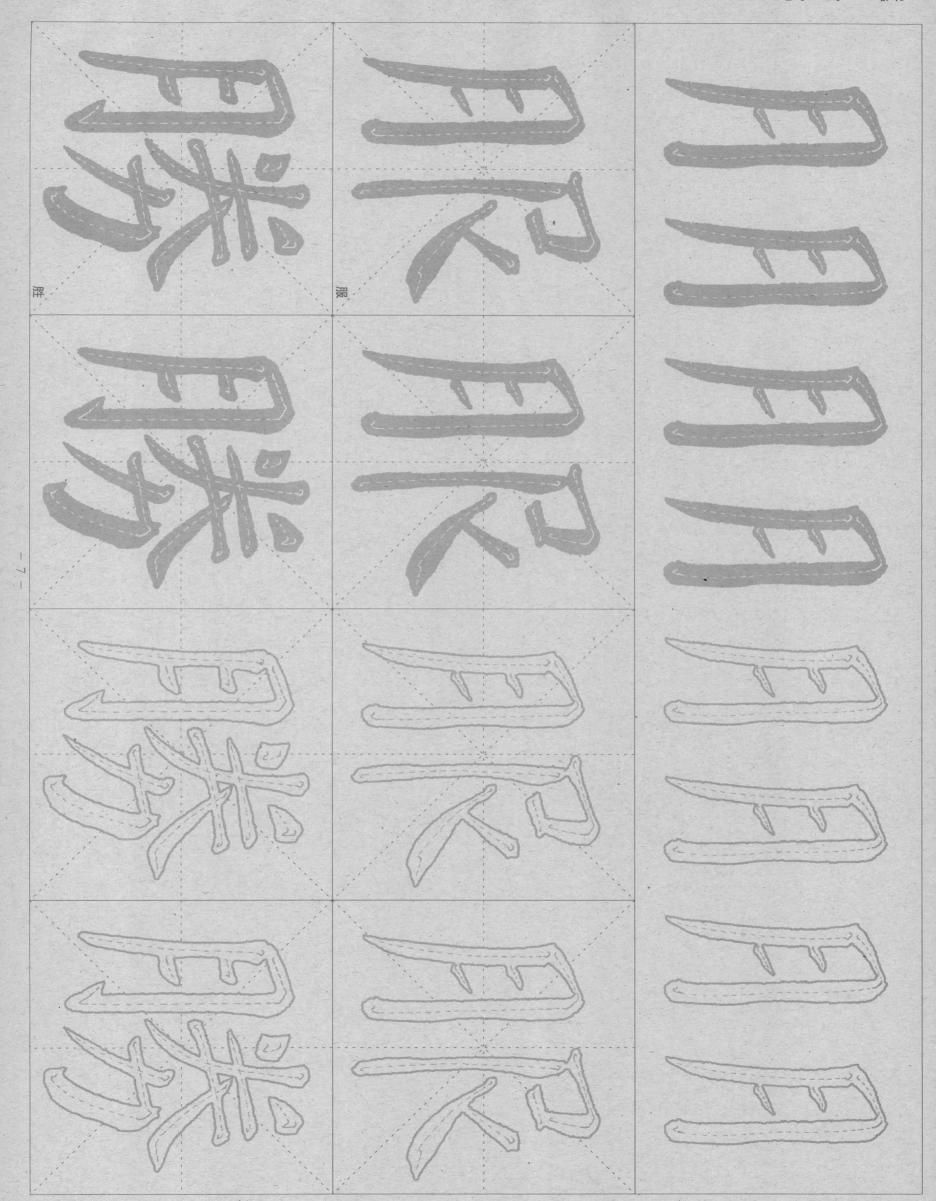

【要点】
①「月」字作左偏旁附，撇与竖钩与之相背呈与竖
钩相背之势。
②月字旁内部两横应与竖钩相接。

胜

服

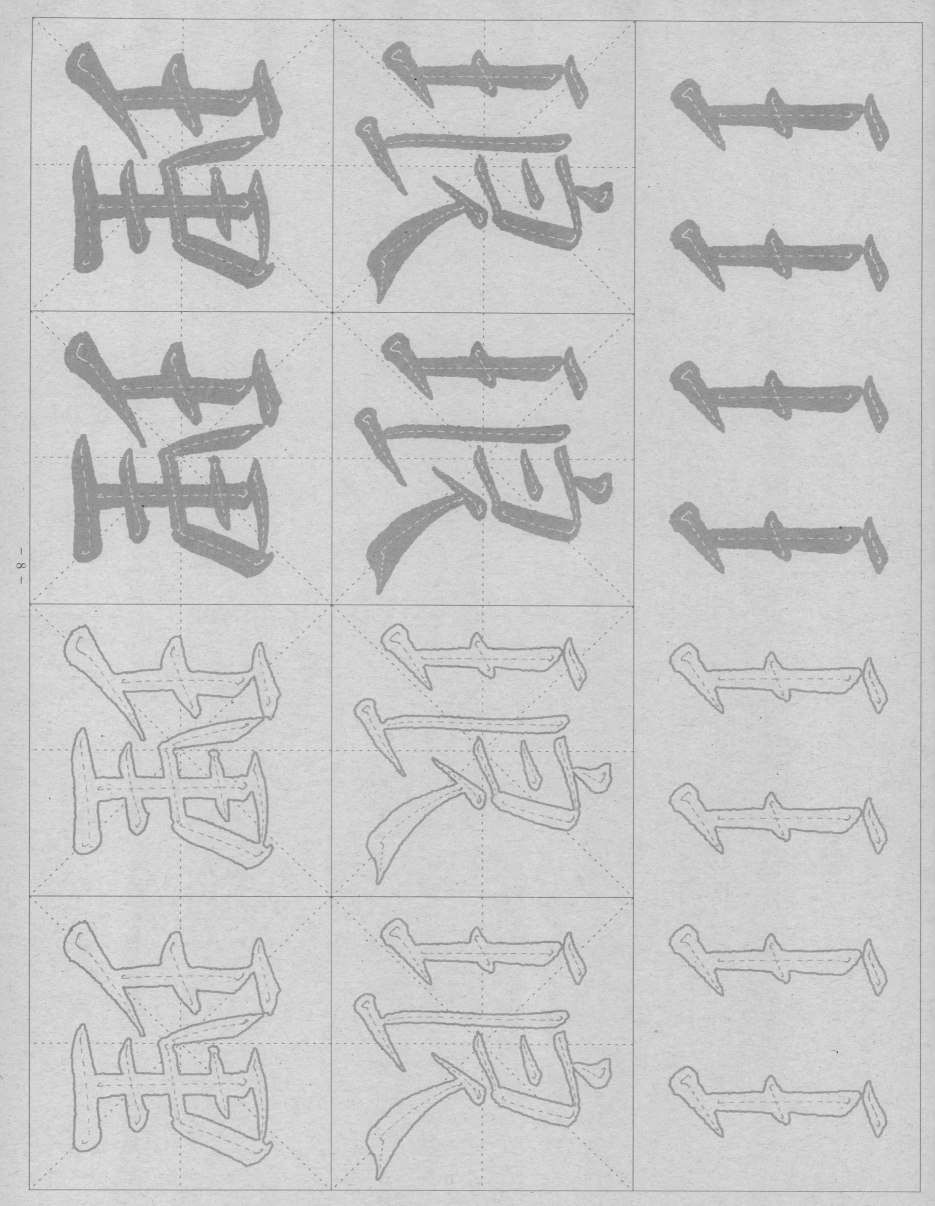

【要点】① "王"字作左偏旁的形状瘦长。② 横画取斜势,末横变为提画。③ 竖画稍粗,居中。

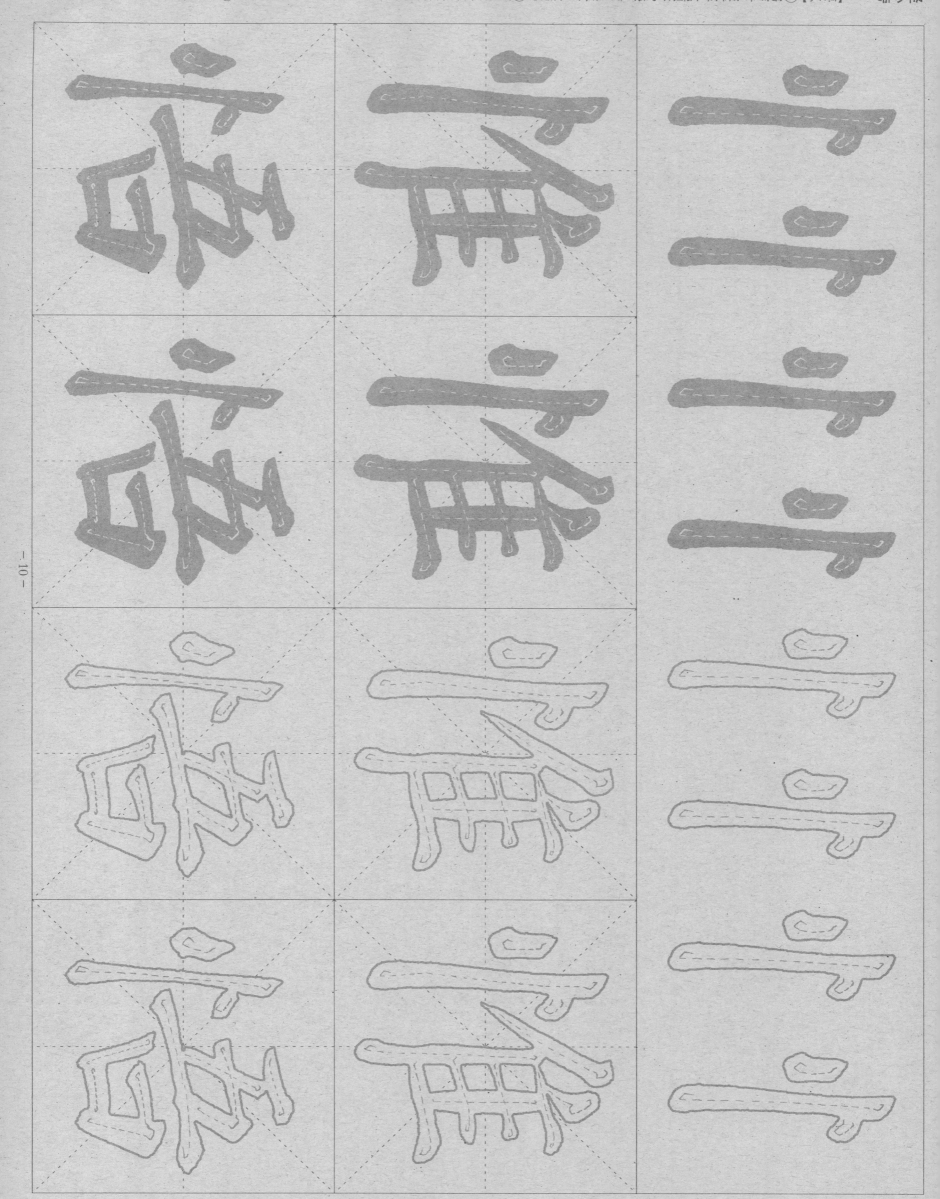

竖心旁

【要点】①书写时注意笔顺,先写两点再写竖画。②两点位置左右高低、大小、左低右高与竖相接。③竖画略有弧度,居于两点之间偏右。

— 10 —

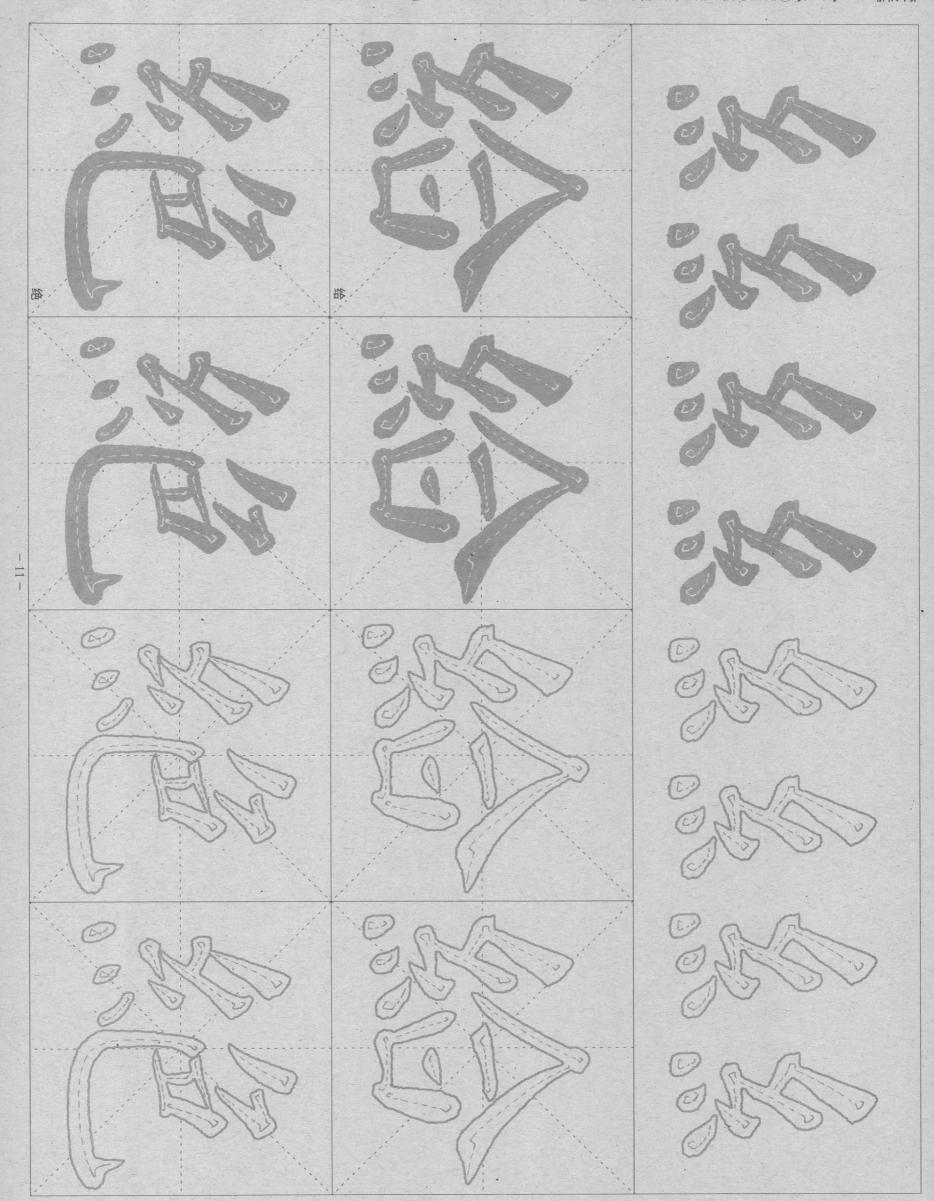

【要点】
①绞丝旁笔画多，整体宜窄长。
②注意两组撇折夹角不同。
③下三点等距呼应。

绝

绍

【要点】
①日字旁形略长。
②横画取斜势，距离基本相同，末横变提。
③右竖下伸，长于左竖。

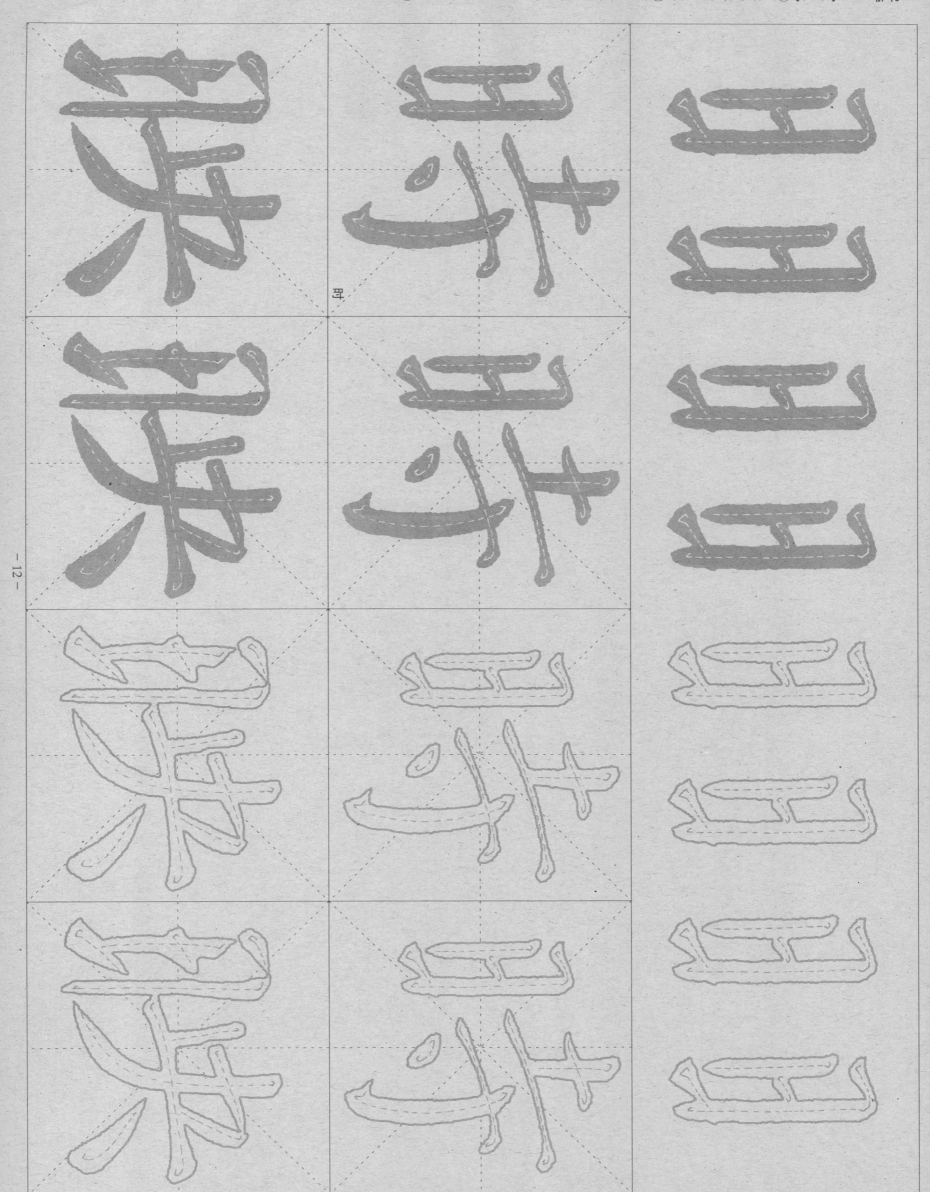

时

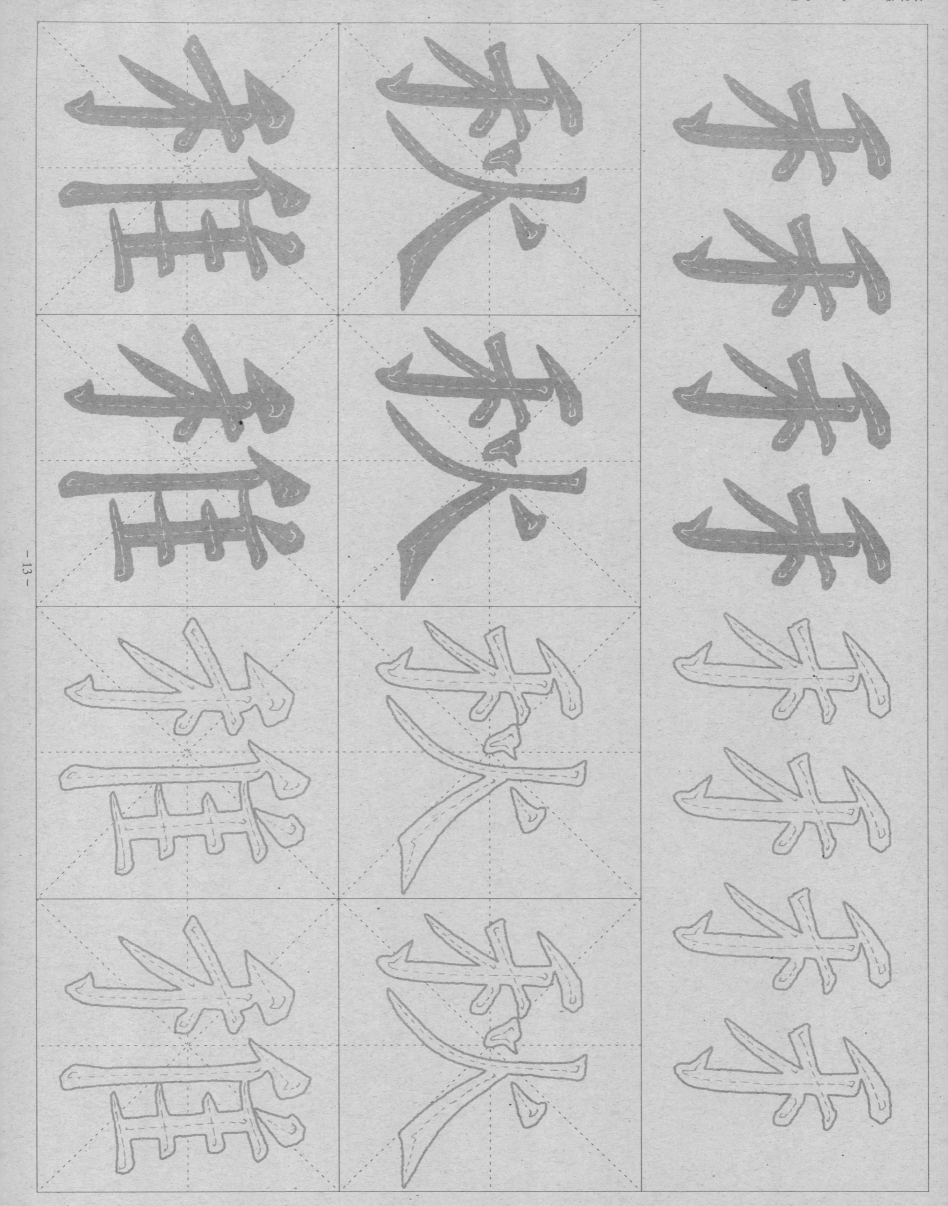

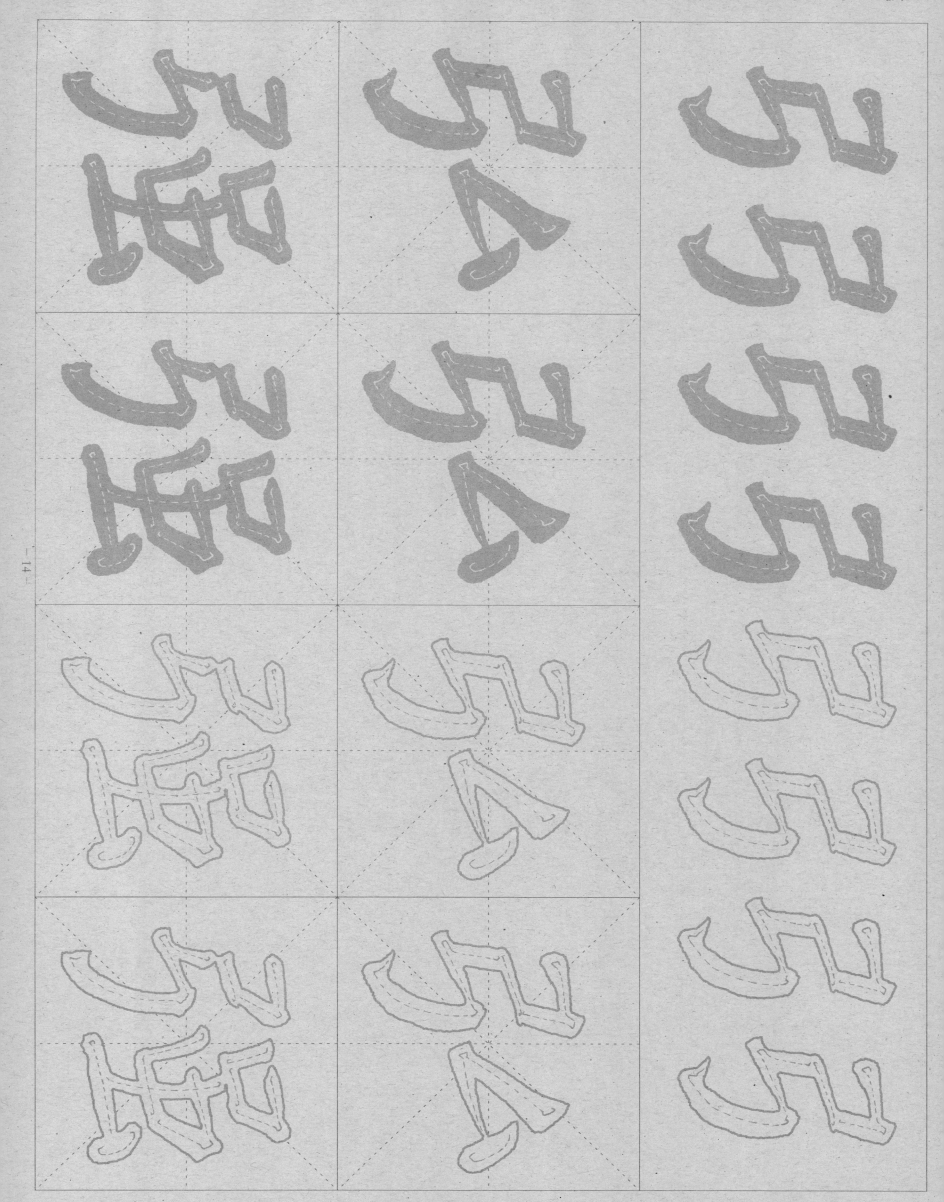

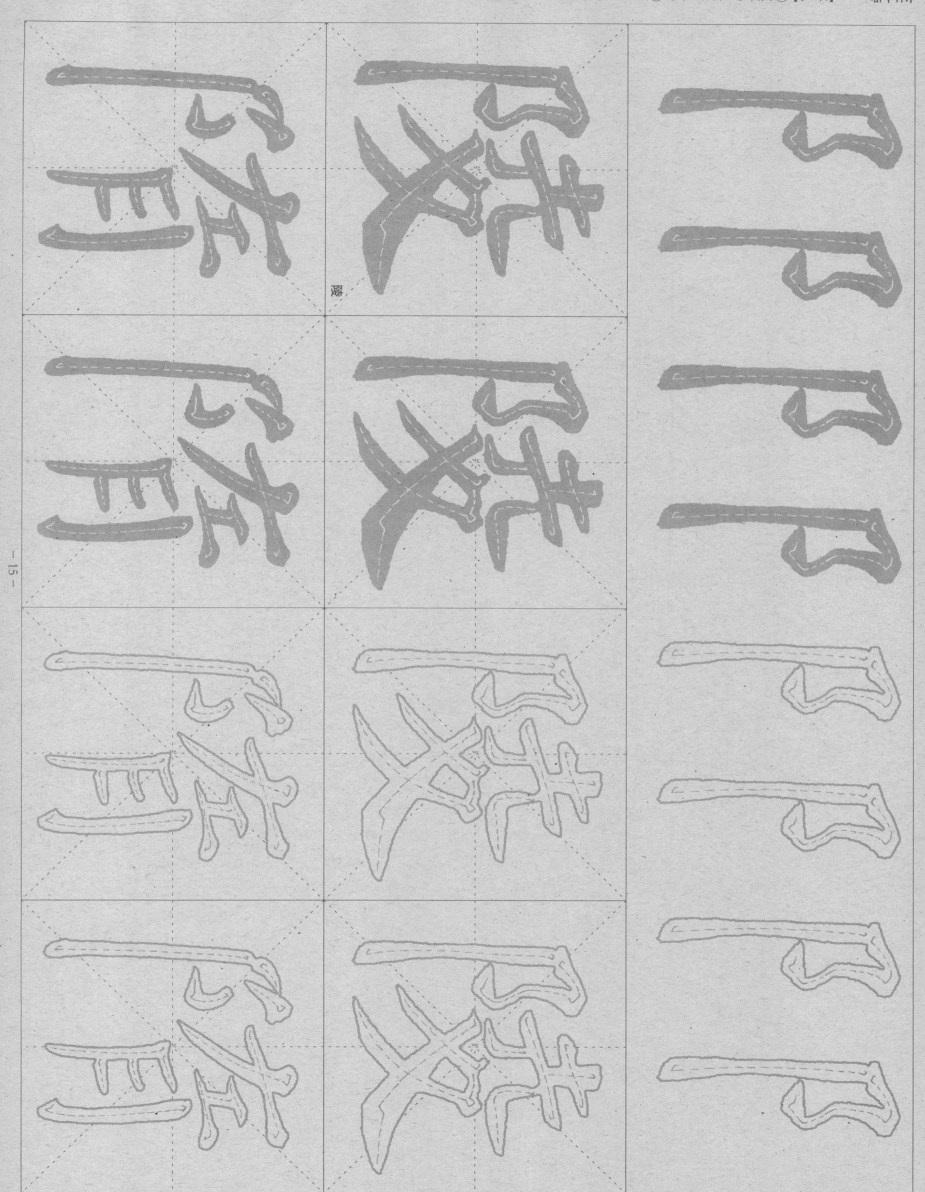

左耳旁

【要点】①左耳旁上要下松。②竖画为垂露竖,略带弧度。

陵

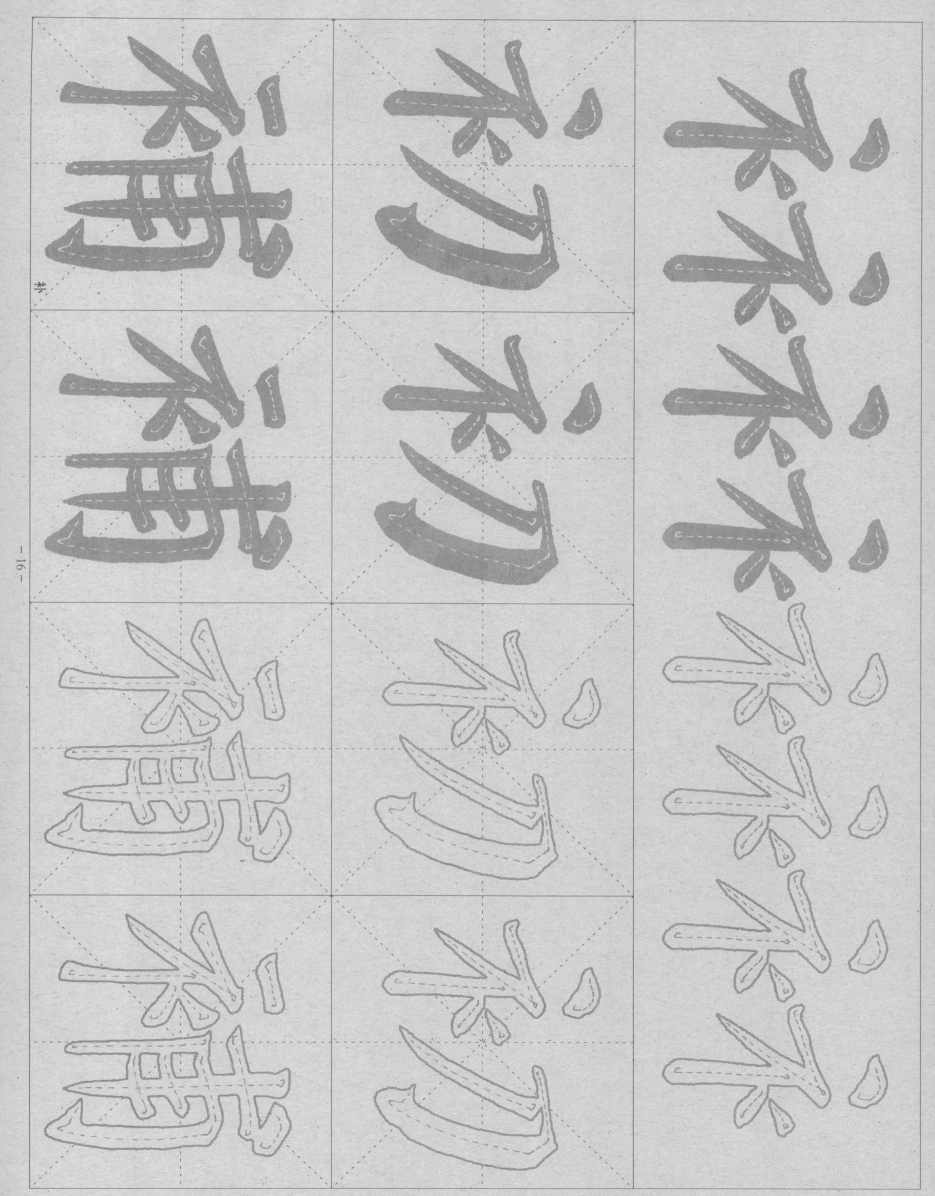

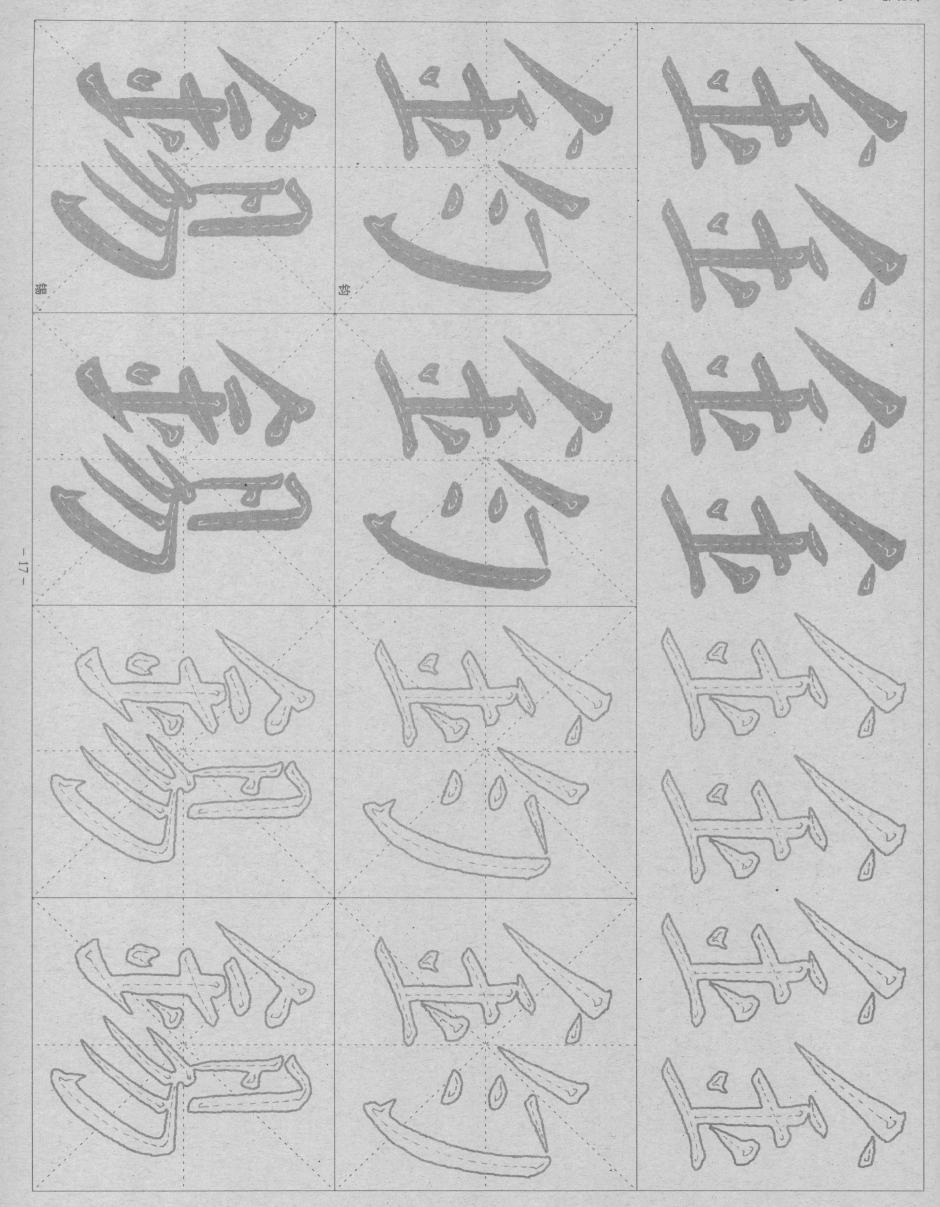

金字旁

【要点】
① 整体窄长。
② 首撇向左下伸展,捺变为点,应小。
③ 中竖与撇起笔处基本对正。

钧

锡

— 17 —

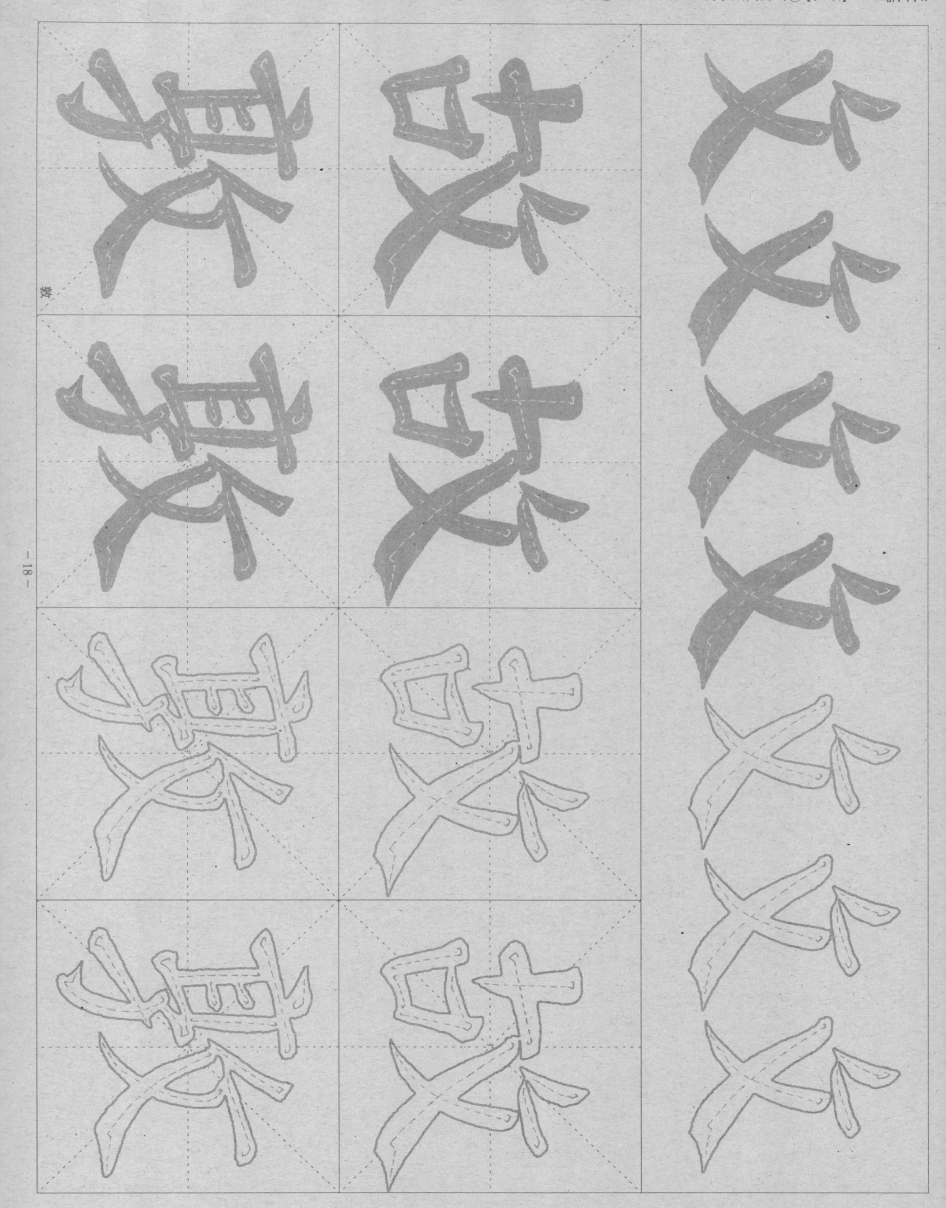

【要点】
①首撇宜
短,小横画轻
着重收。
②下撇轻
写与捺宜
长,不宜过
长。
③择画厚重伸
展,稳定全字
重心。

敦

右耳旁

【要点】
① 右耳居右，
位取势较低。
② 书写时应先
写横撇弯钩，再
写竖基本悬针竖。
③ 横撇与弯钩
不接。

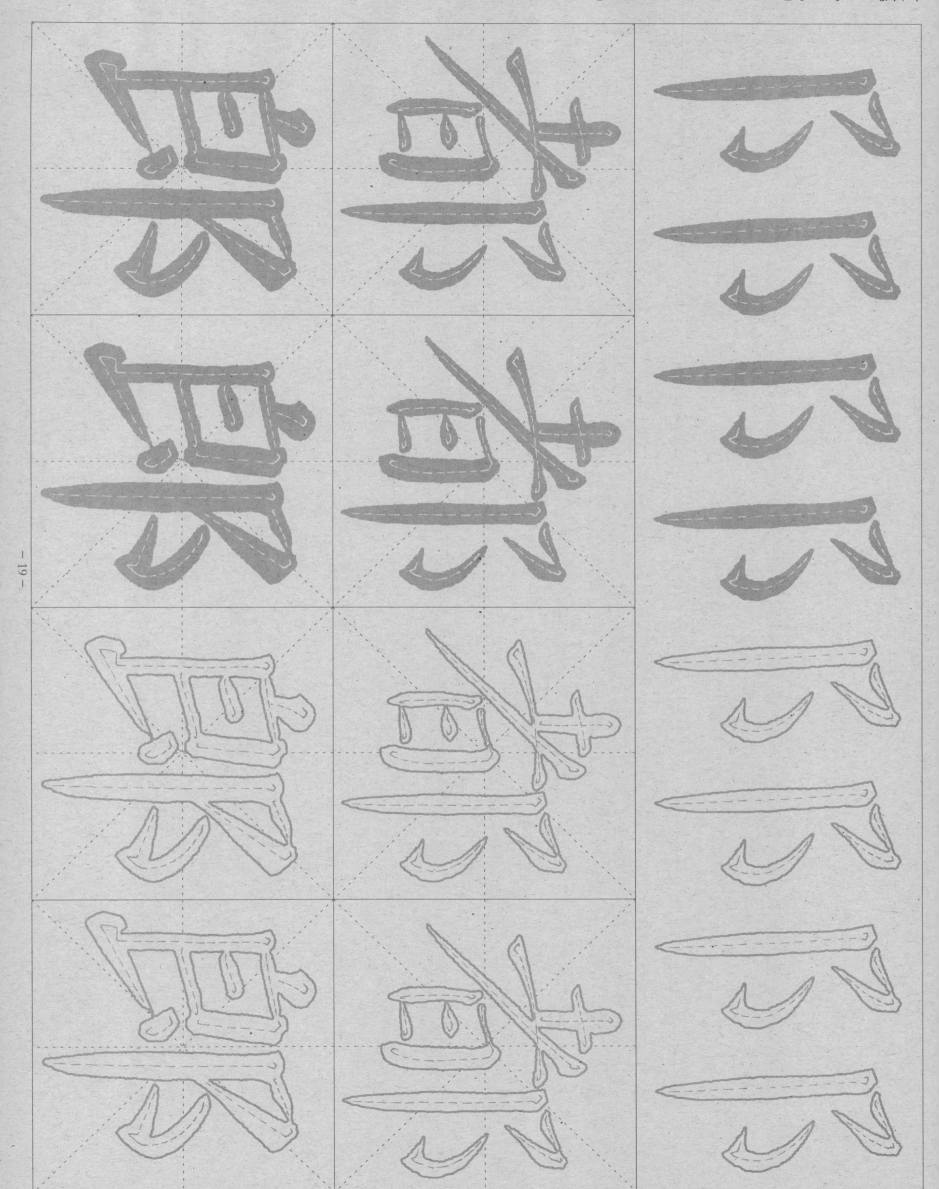

— 19 —

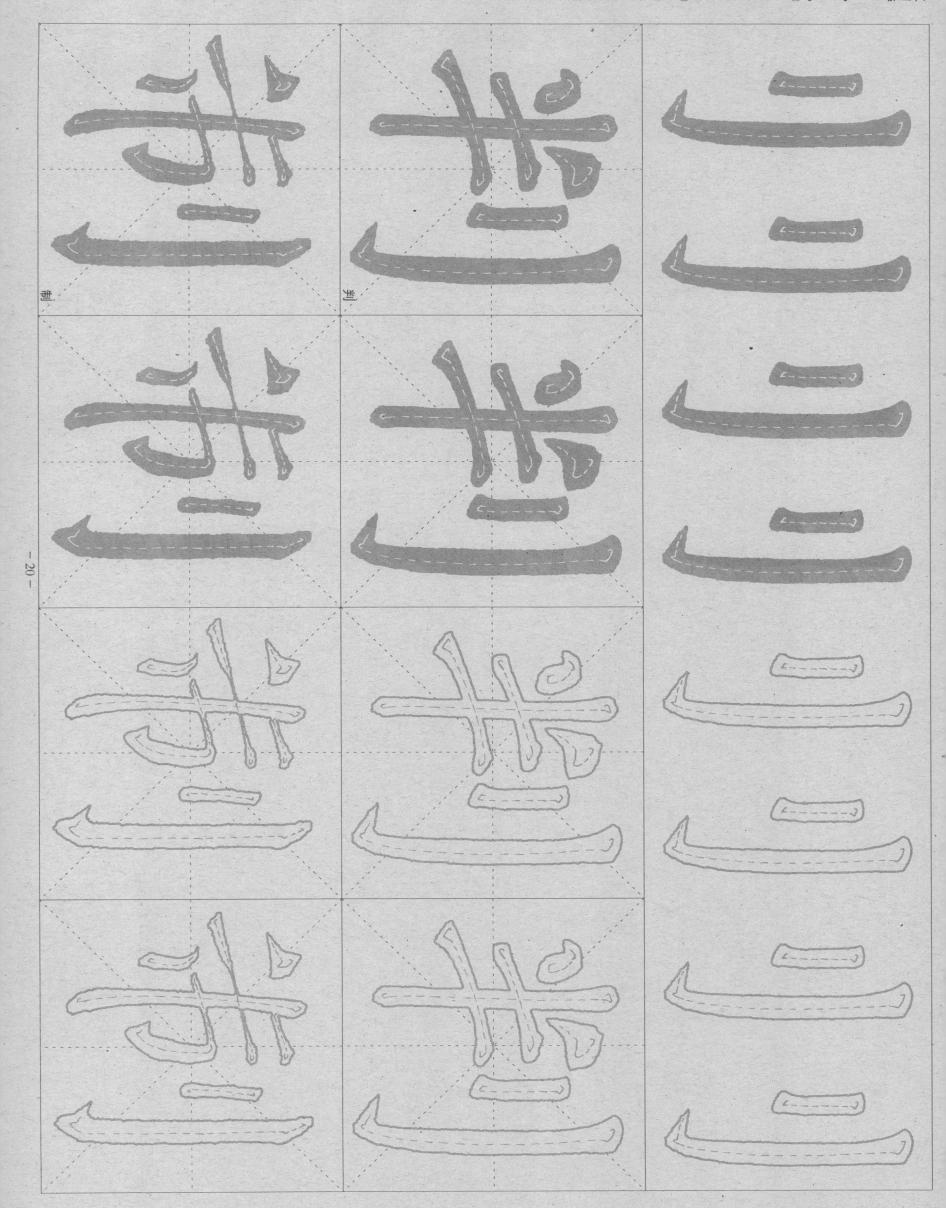

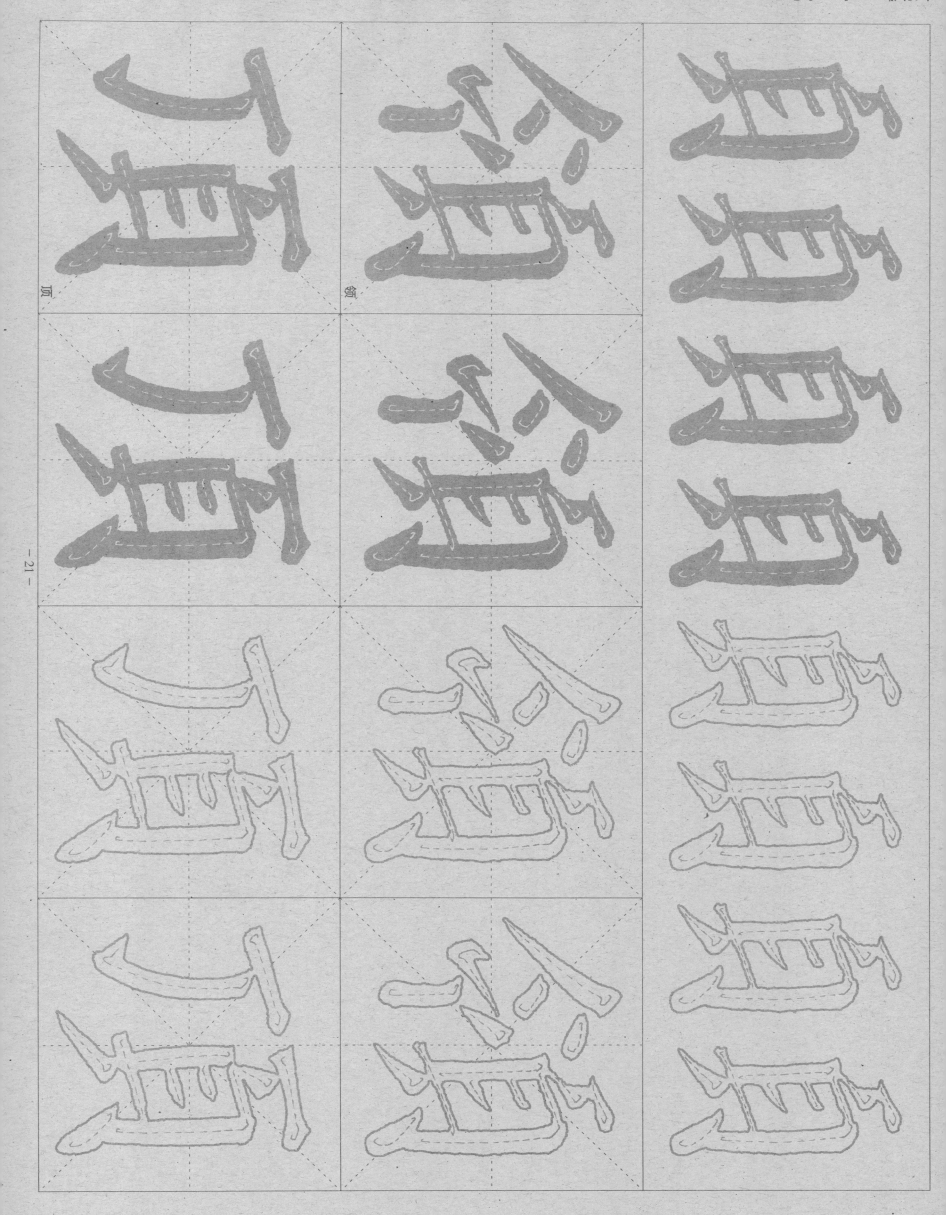

【要点】
① 整体呈斜势。
② 先写横折钩,再写斜撇。
③ 居右的位置靠下。

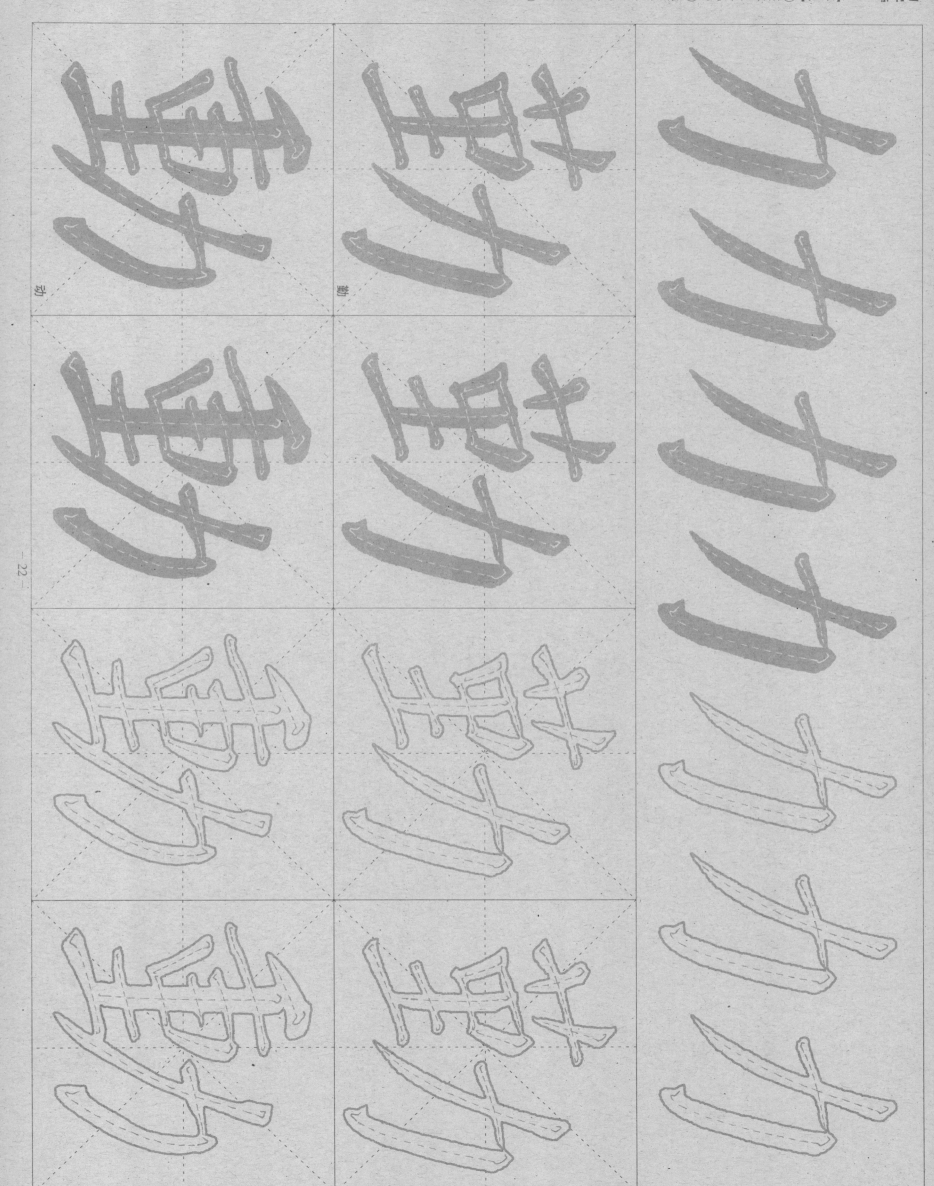

勤

劲

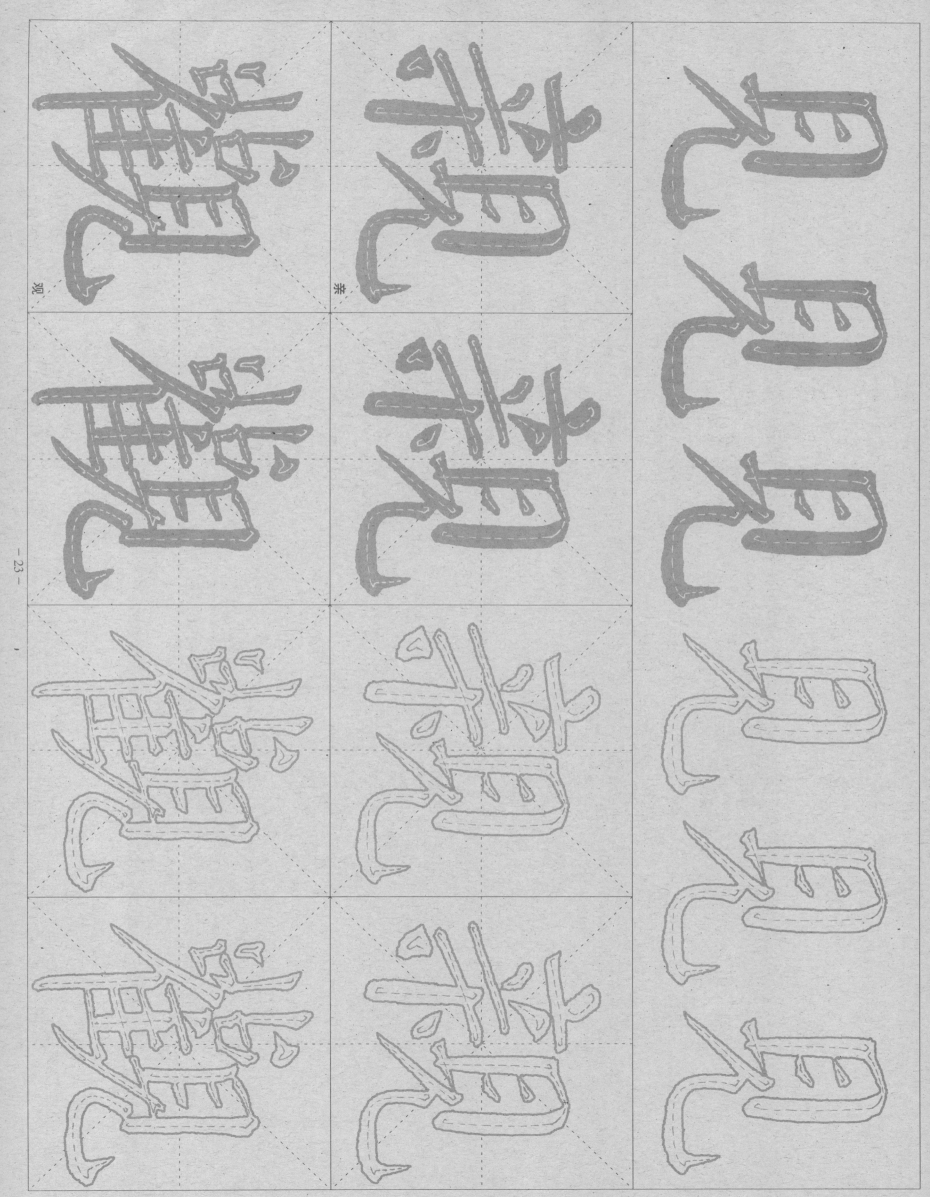

见

观

来

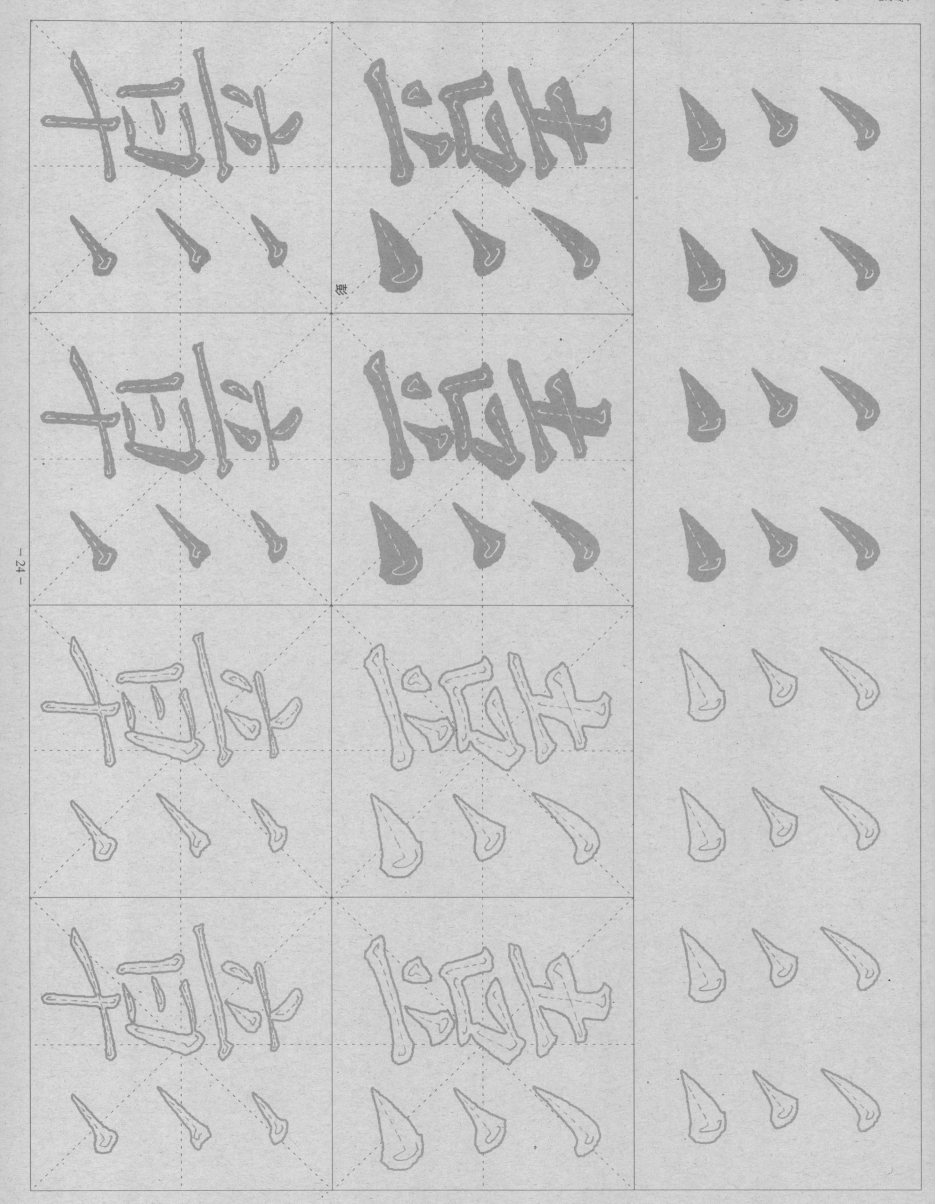

要点【①左竖为垂露竖，稍长，向下伸展，右竖厚重。②横画取斜势，间距均匀。

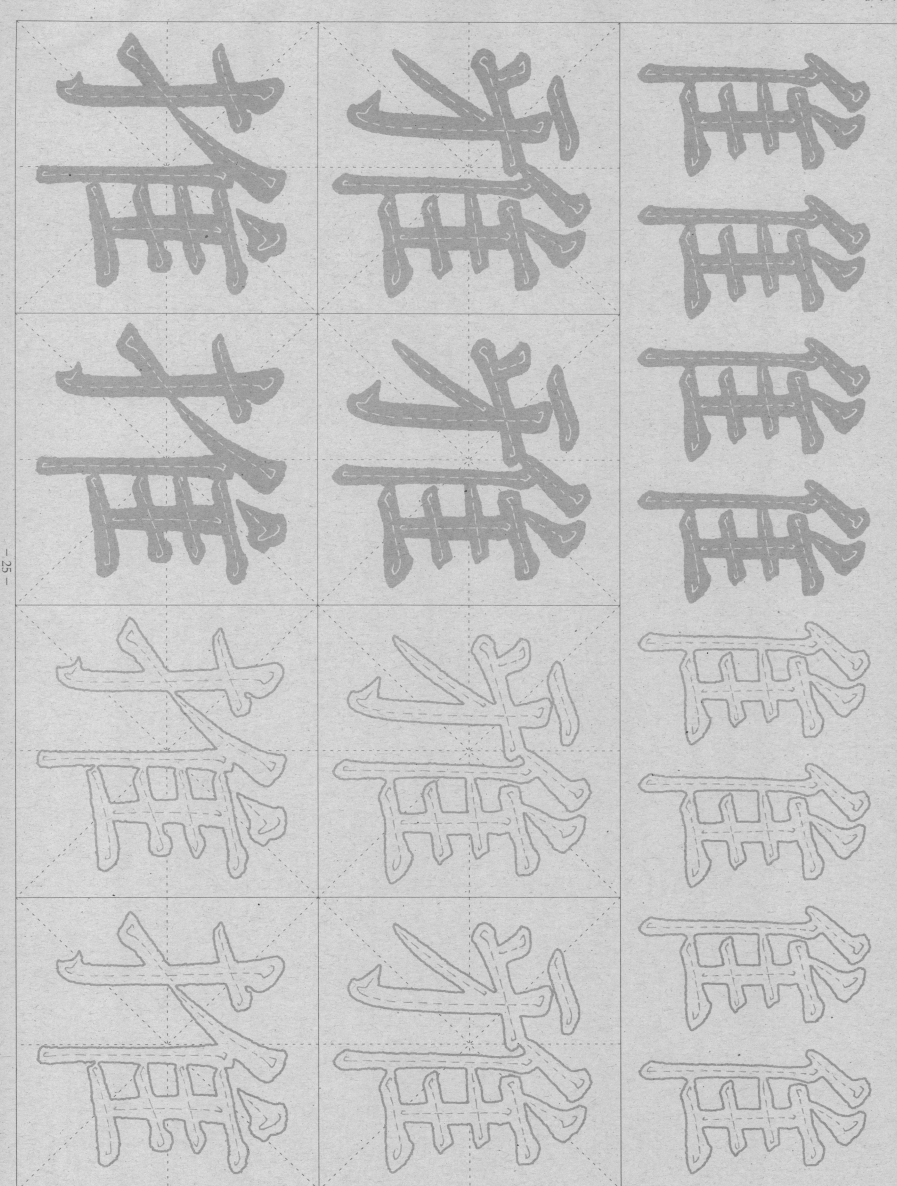

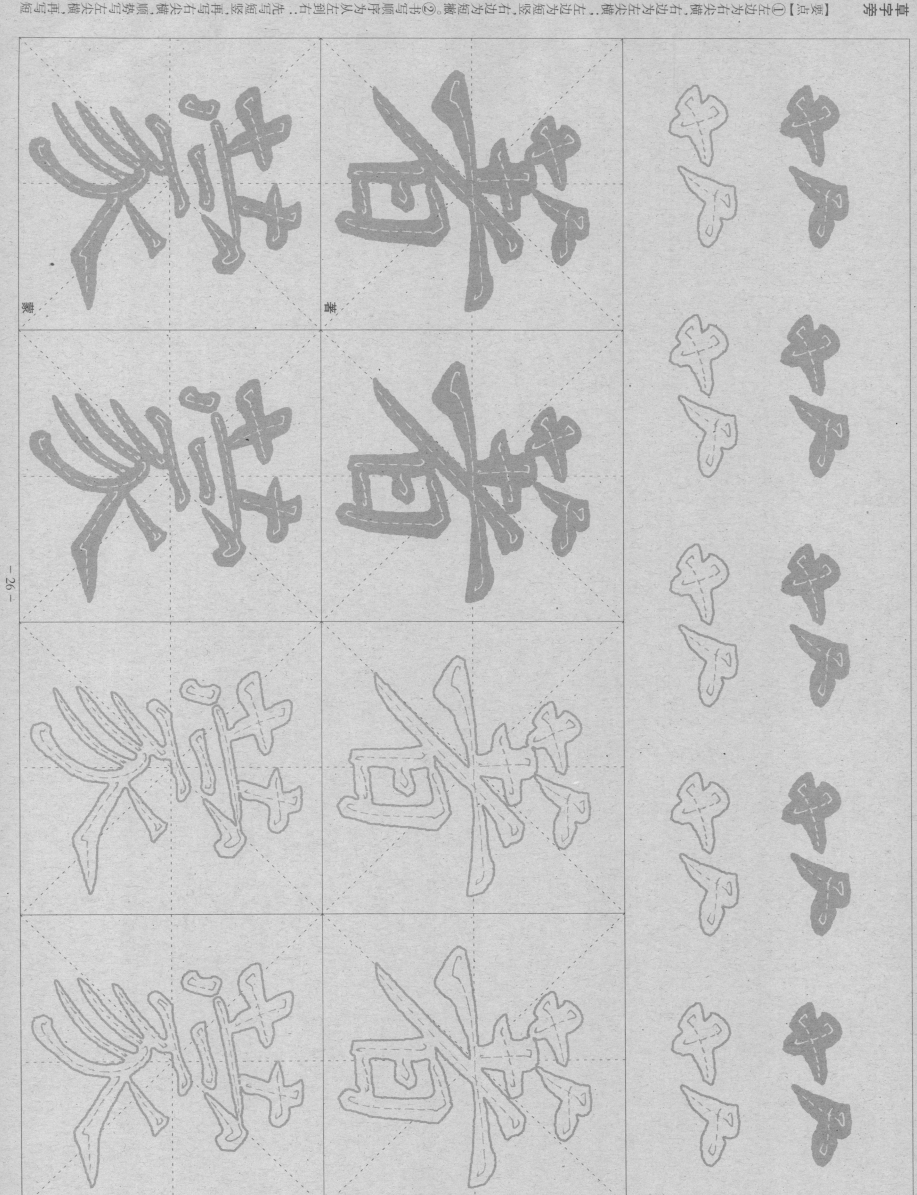

草字旁

【要点】
①左边为撇点，右边为尖横，略高于左边。

②书写顺序为从左到右：先写短竖，再写短撇。

③右边略高于左边为尖横，左边为短竖，右边为短撇。书写顺序为从左到右：先写短竖，再写短撇，顺势写左尖横，再写短横。

【要点】
① 上点居中，处于字的中轴线上。
② 横钩要平正，结体宽大，包住下部整画。

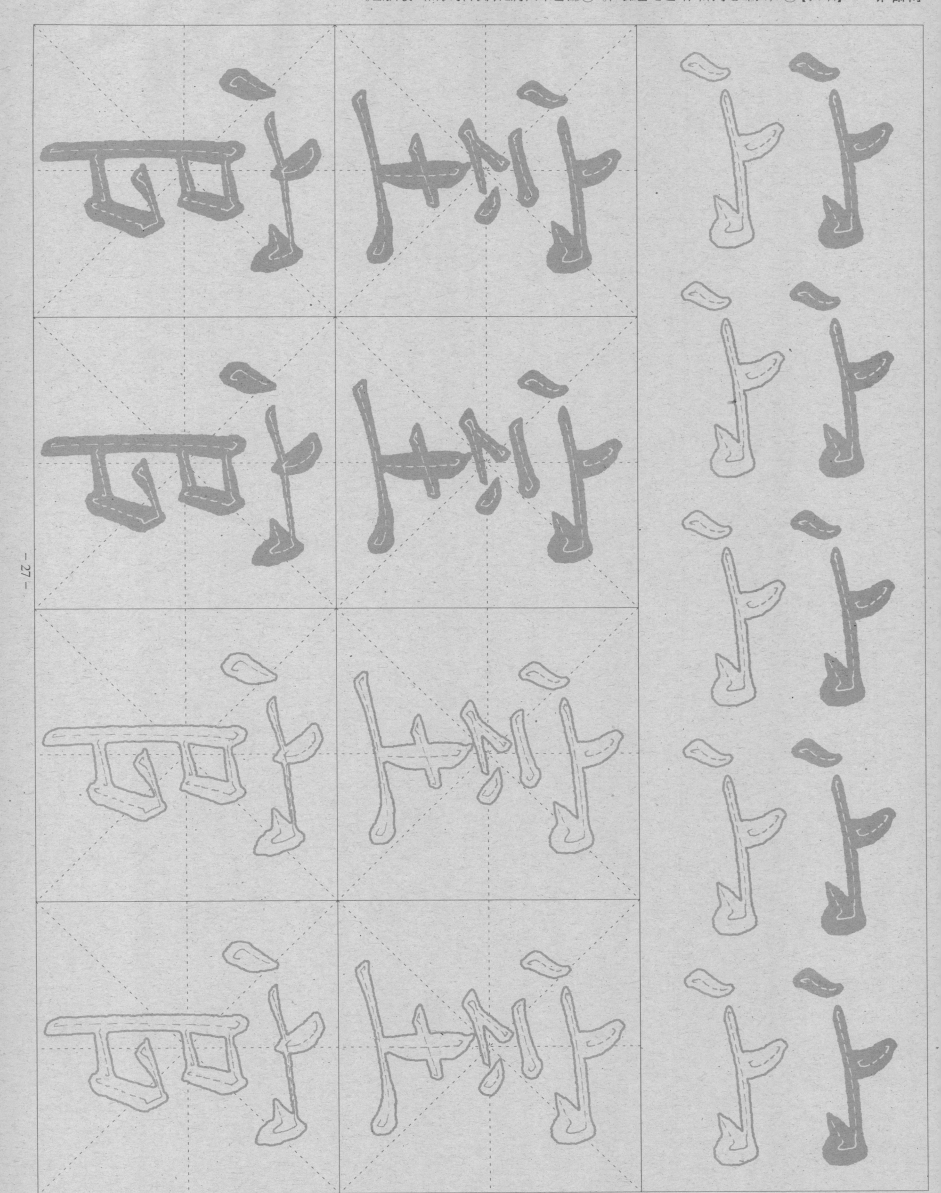

竹字头

【要点】
①竹字头笔画较多，宜写小。
②右边略高于左边。
③两点较小，取势相同。

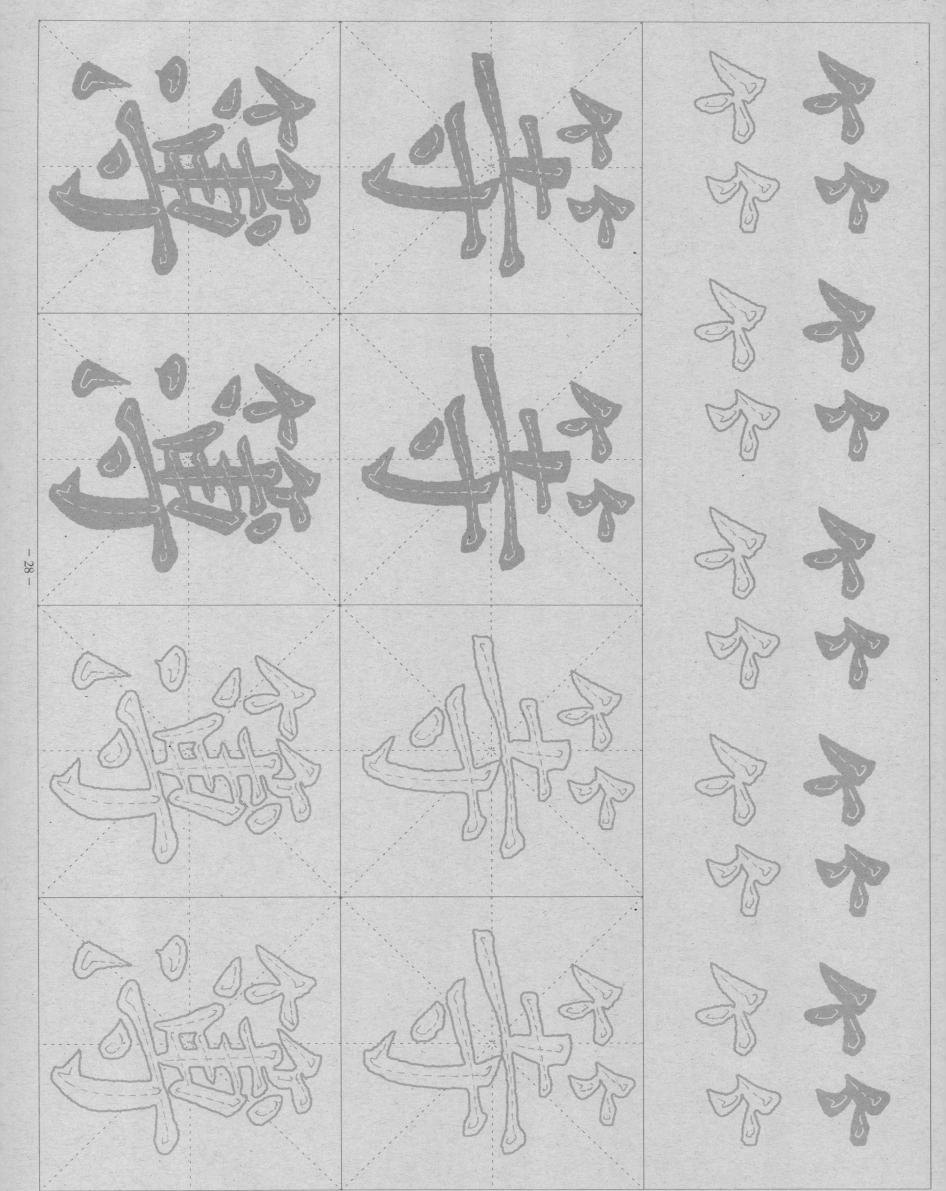

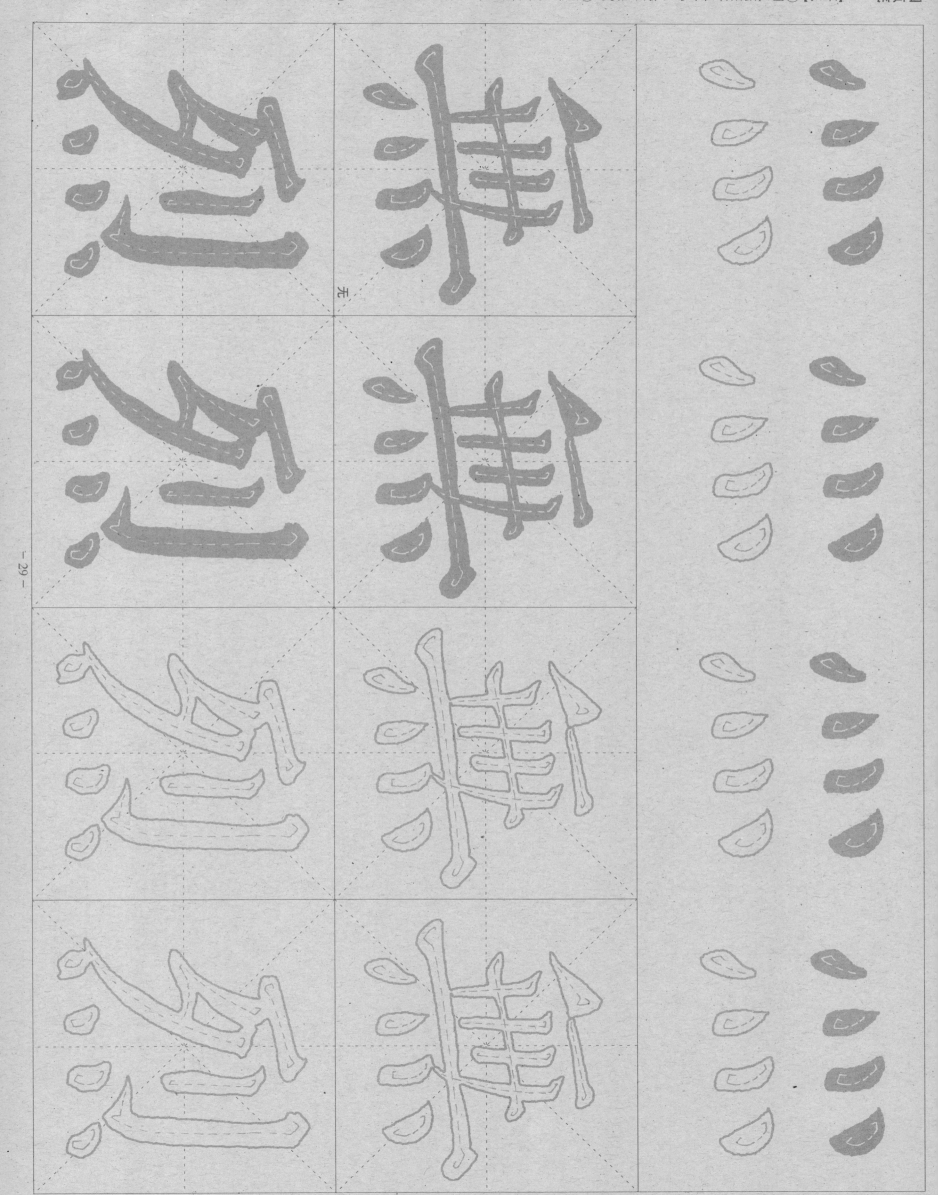

四点底 【要点】

①四点底整体取平势,以托住以上部。

②四个点形状各异,间距均匀,左右顾盼。

③书写中行笔均按顺时针方向,笔断意连,一气呵成。

无

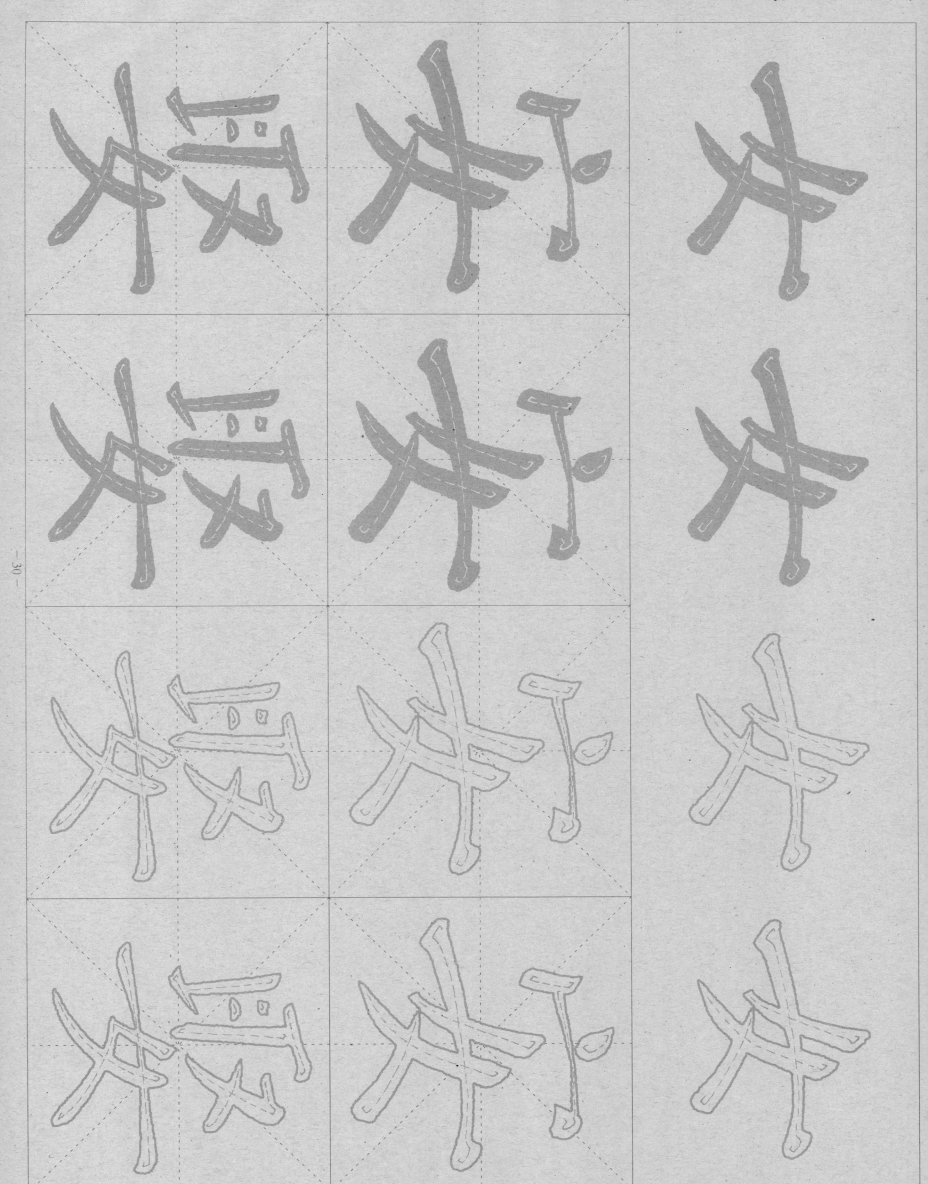

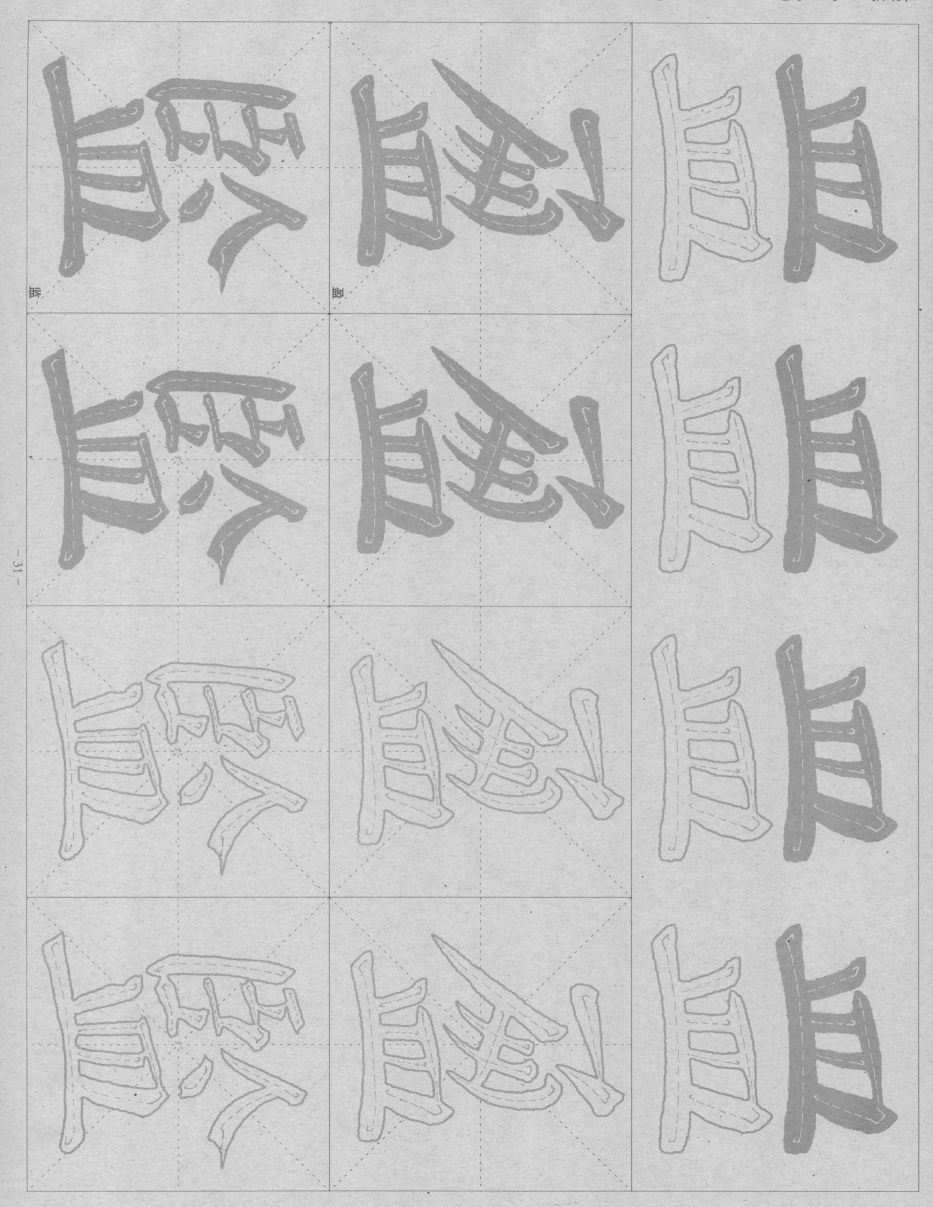

皿字底

【要点】
①皿字底形态扁宽。
②两侧竖内收，中间两竖要有变化，四竖分布均匀。
③下部长横托住上部。

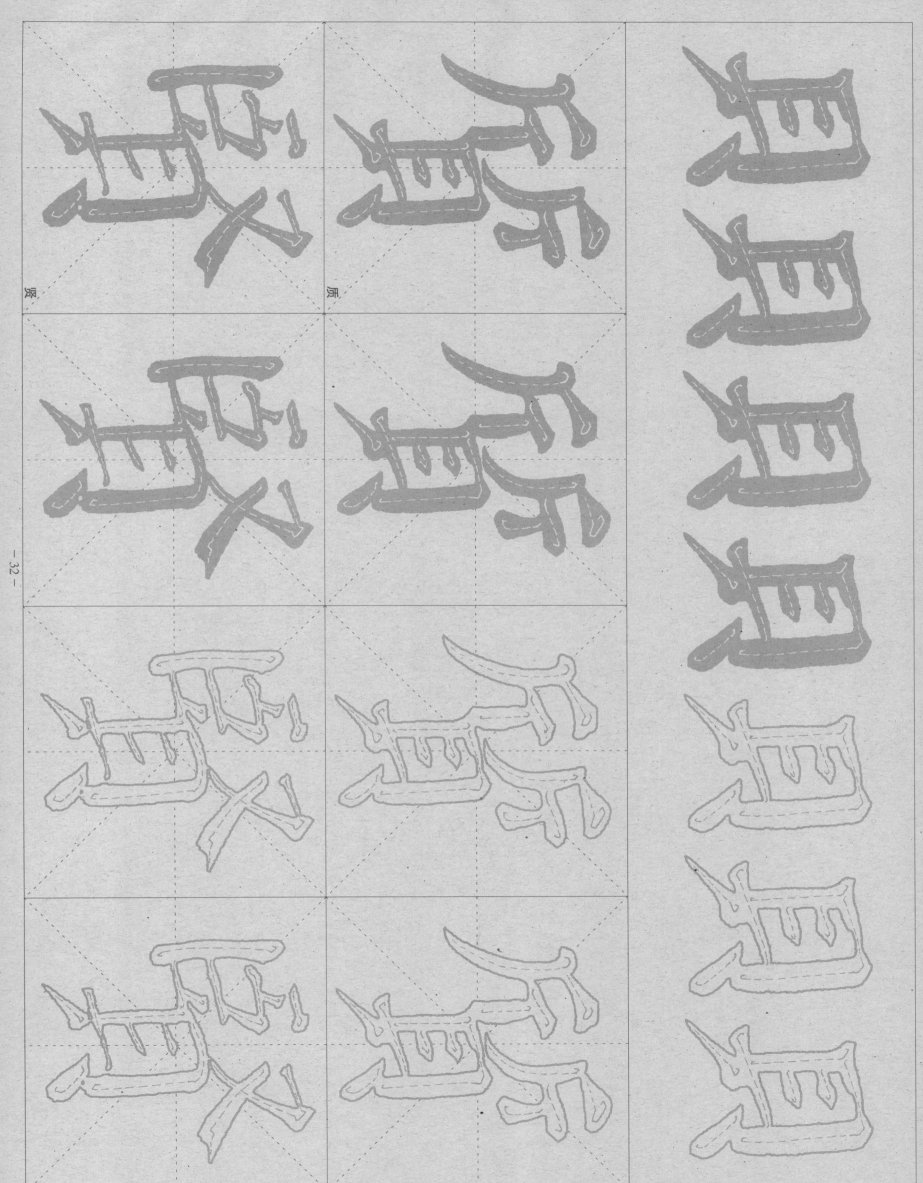

【要点】①两竖正直,左短右长。②横画取斜势,末横为提,四横间距均匀。③两点呈"八"字状。

【要点】
①日字底整体形态长方。
②框内横画不接右竖。
③横细竖粗，右竖较左竖粗长。

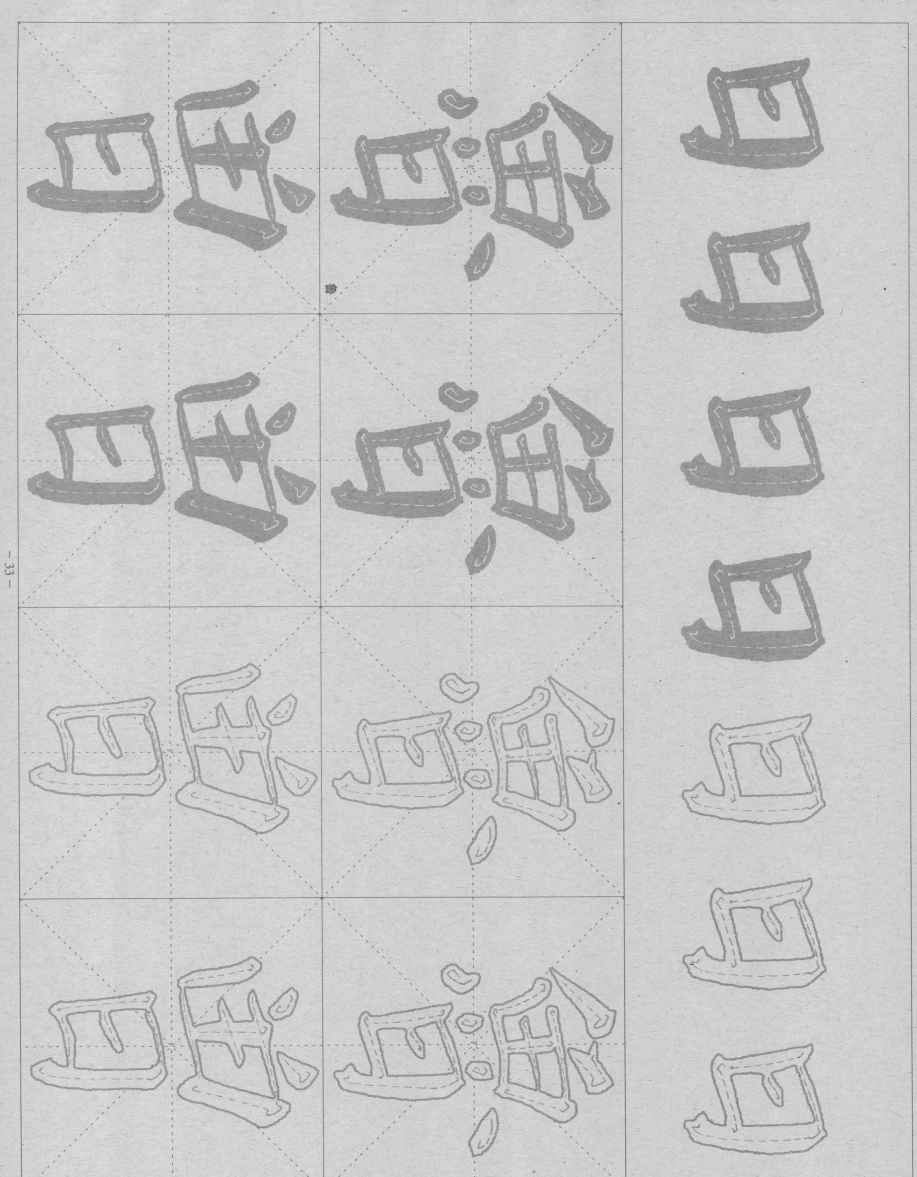

厂字头

【要点】

① 斜撇与横画不接，留空透气。

② 横画取斜势，斜撇向左伸展，略带弧度。

③ 厂字头的竖管长短应与被包围的部分相协调。

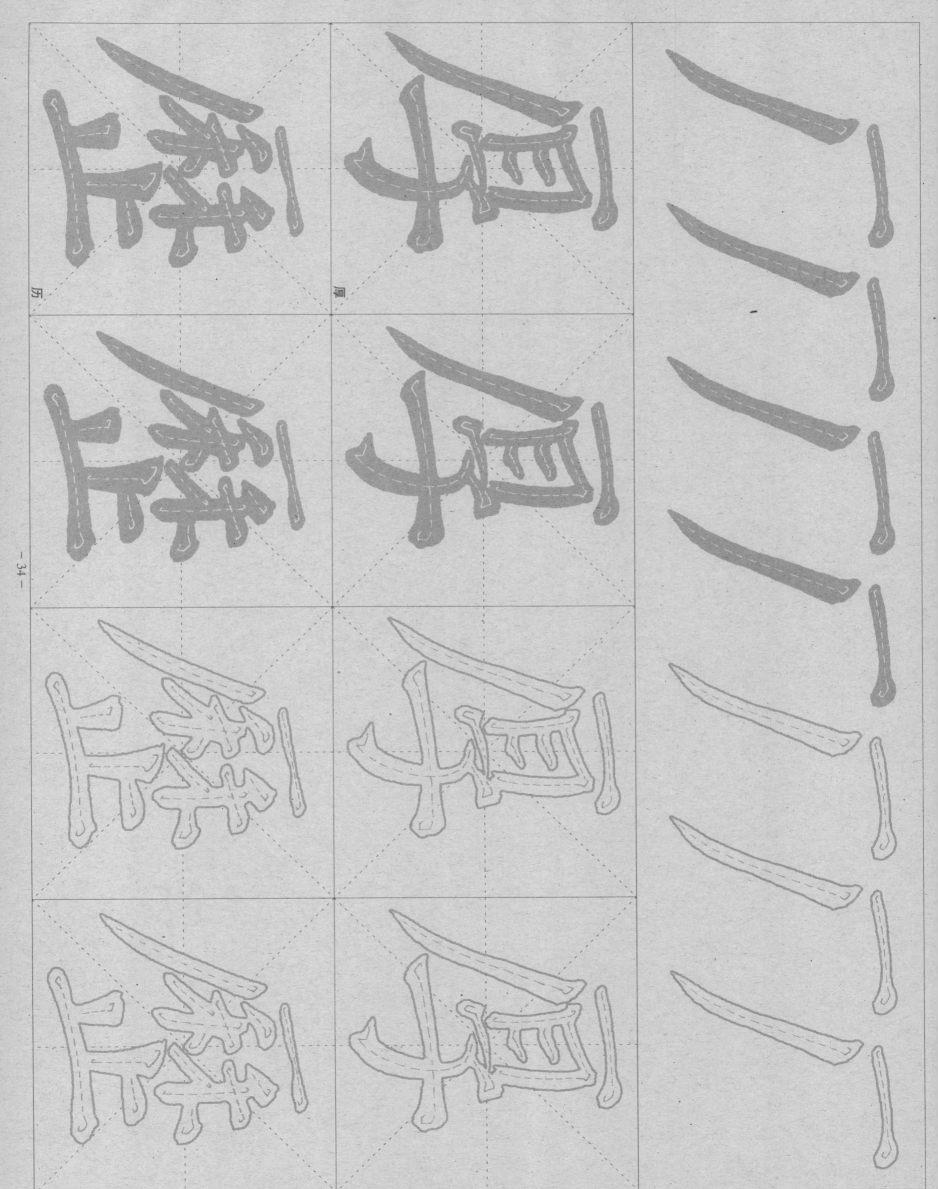

历

厂

【要点】
① 点画为斜点，与下横相接。
② 横较短，左低右高。
③ 撇画舒展，略有弧度。

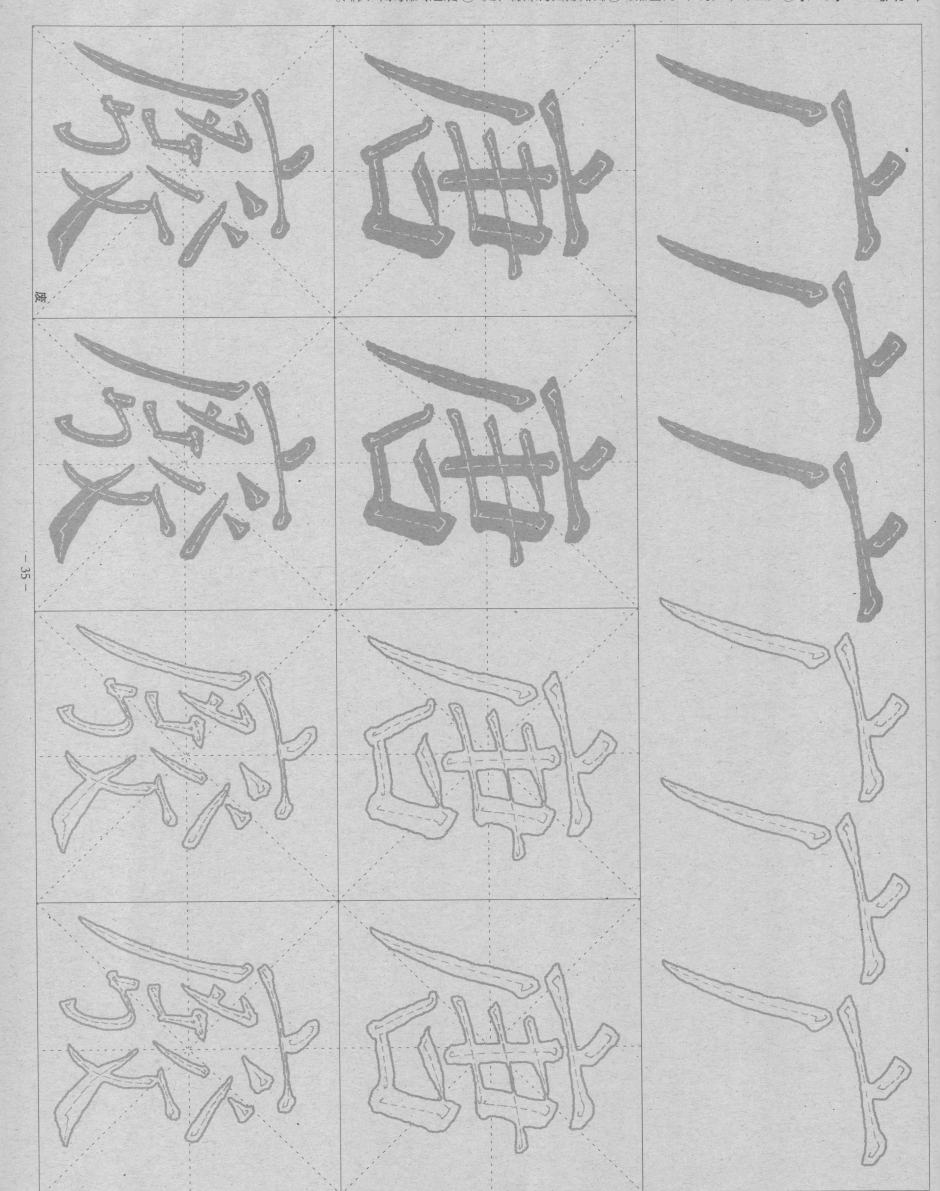

废

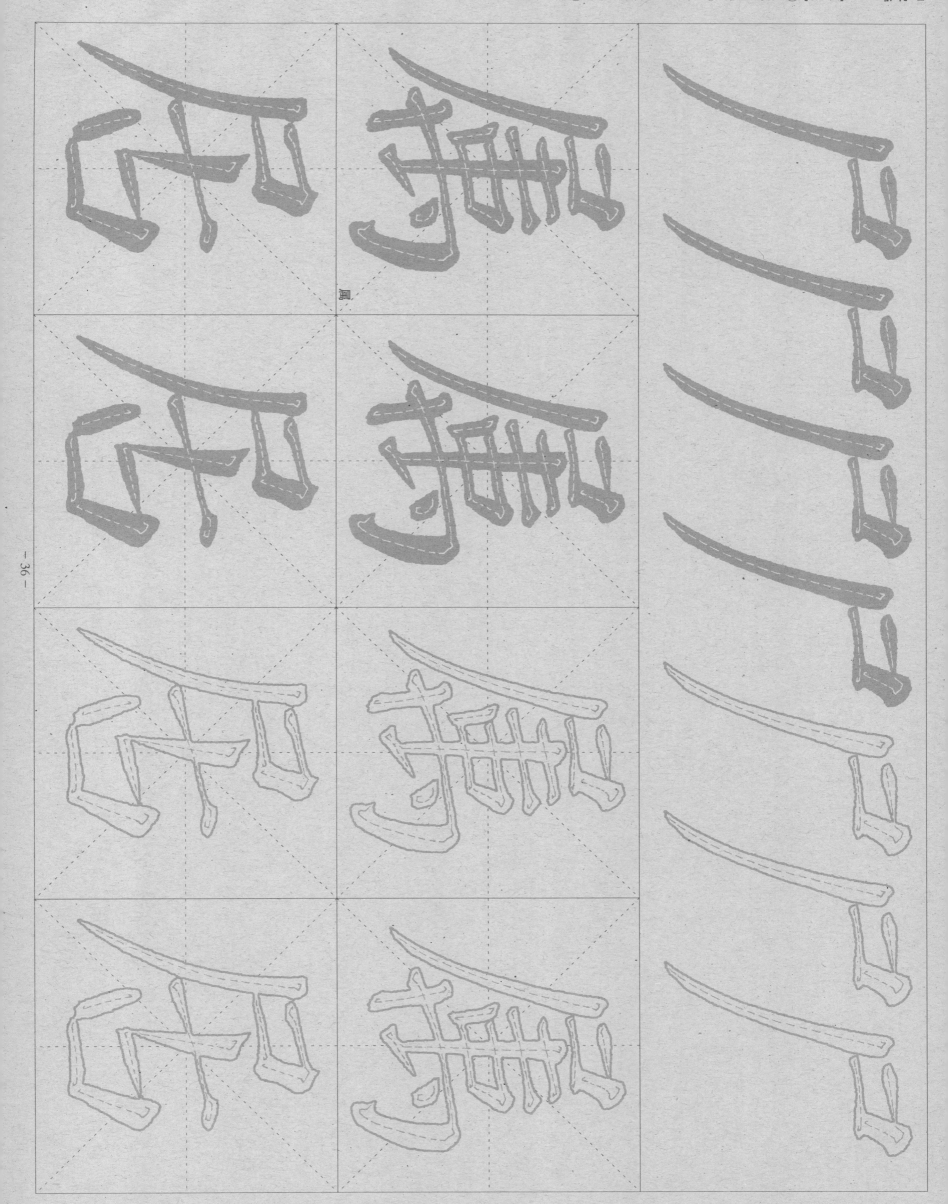

【要点】
①点画偏右，与横折离得稍近。
②横折向左斜，形态小巧。
③捺画向右伸展，以包住上部。

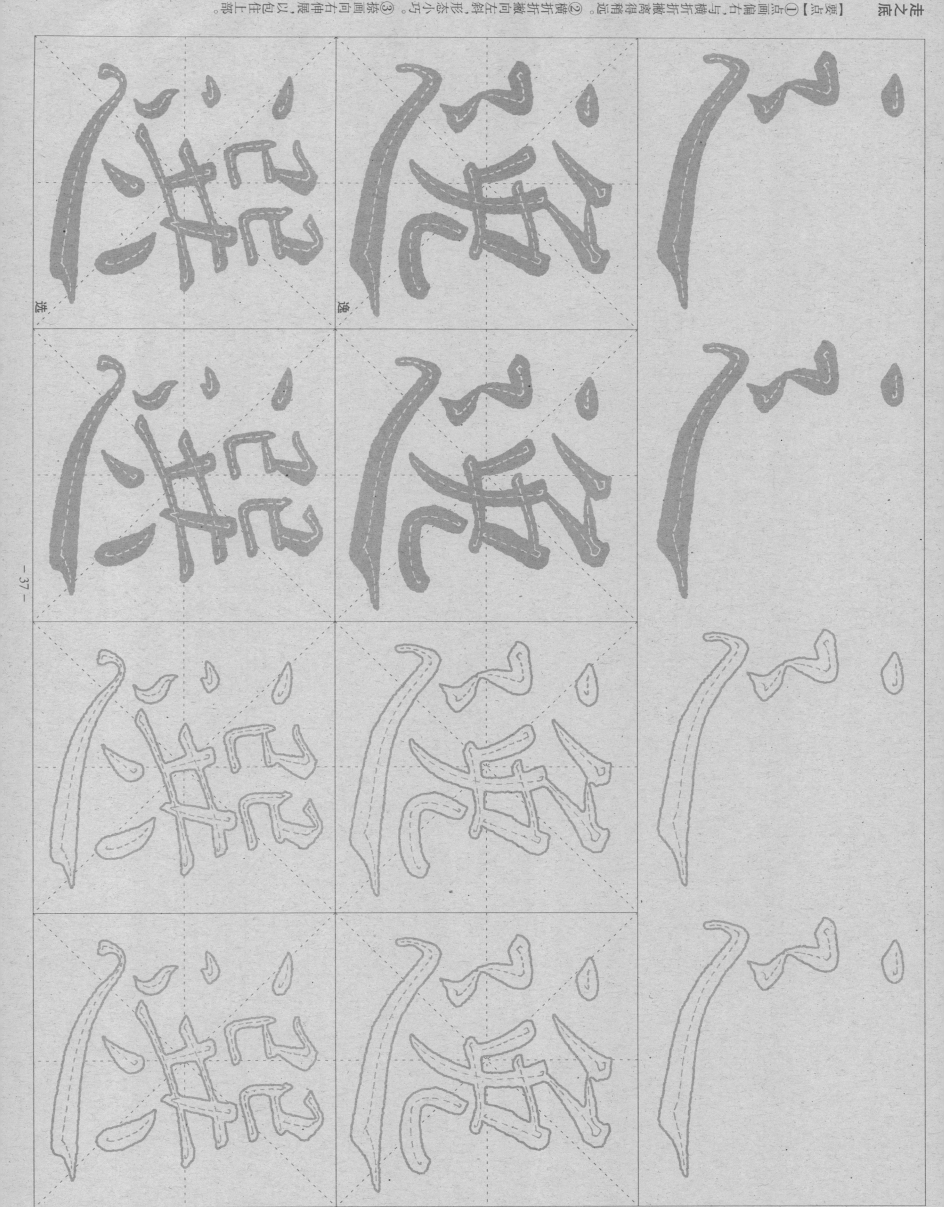

选

选

选

【要点】
①左右同形相向，保持适当距离，勿紧靠。
②右竖匀厚重沉稳，长于左竖。
③横画虽短但也要有所变化。

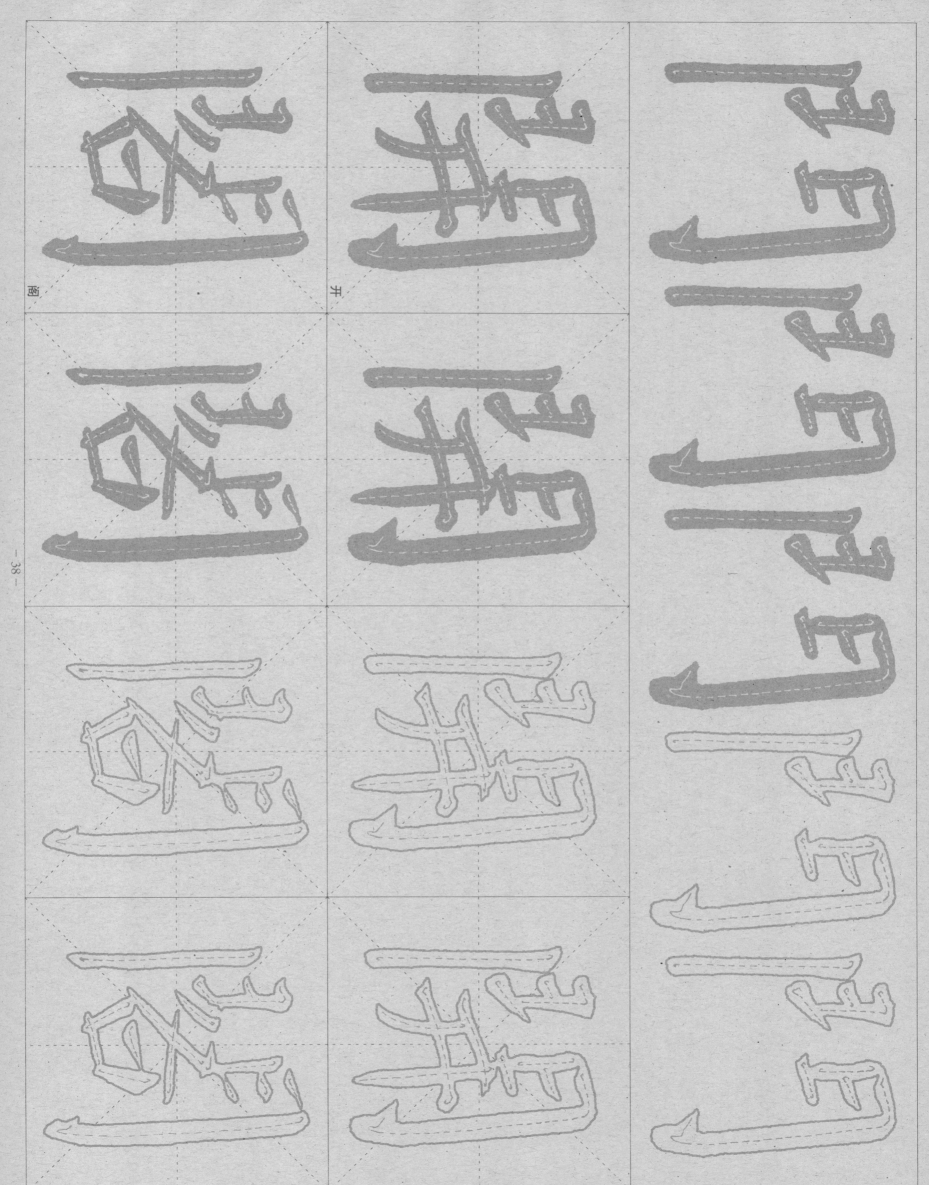

开

阁

国字框
【要点】
①整体方正，四角平稳。
②左上木封口以透气。
③两竖左轻右重，左竖稍短右竖稍长。

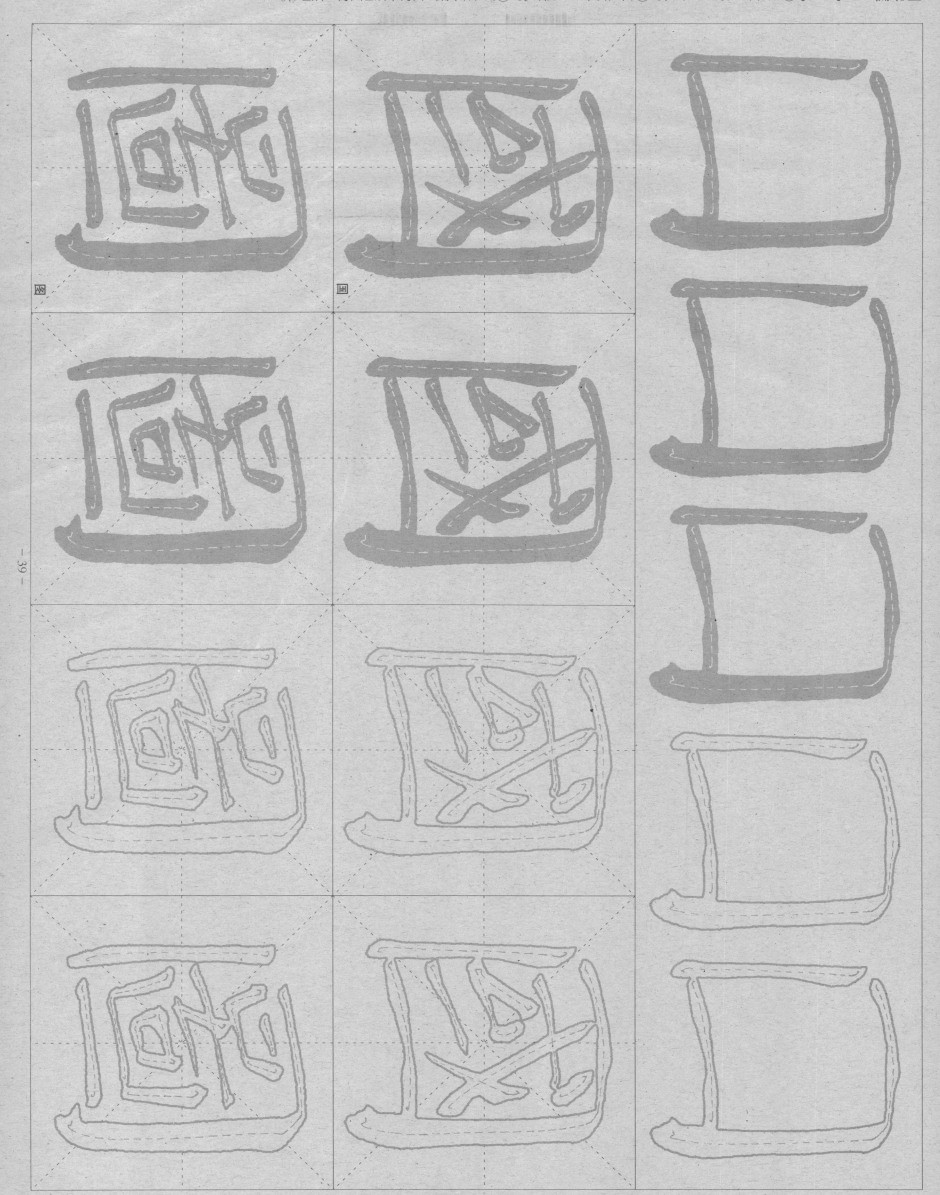